[illegible]

DE [illegible]

PAR

P.-A. CASTEL

SECRÉTAIRE [illegible] DE LA SOCIÉTÉ D'AGRICULTURE, SCIENCES, ARTS [illegible]
DE BAYEUX, [illegible] DE PLUSIEURS SOCIÉTÉS SAVANTES NATIONALES ET ÉTRANGÈRES [illegible]

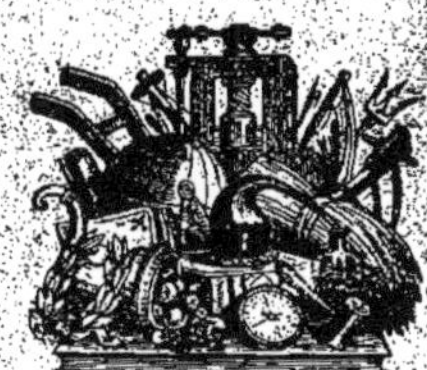

BAYEUX
Imprimerie de St.-Ange Duvant fils et Ce
1851.

# RAPPORT

## SUR L'EXPOSITION UNIVERSELLE

## DE LONDRES.

# RAPPORT

# SUR L'EXPOSITION UNIVERSELLE

## DE LONDRES

PAR

P.-A. CASTEL

SECRÉTAIRE GÉNÉRAL DE LA SOCIÉTÉ D'AGRICULTURE, SCIENCES, ARTS ET BELLES-LETTRES DE BAYEUX, MEMBRE DE PLUSIEURS SOCIÉTÉS SAVANTES NATIONALES ET ÉTRANGÈRES, ETC.



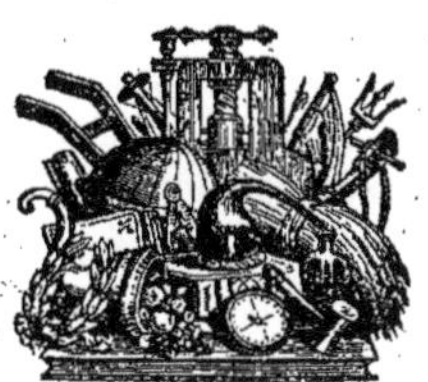

BAYEUX

Imprimerie de St.-Ange DUVANT fils et Ce.

1851.

# RAPPORT

## SUR L'EXPOSITION UNIVERSELLE DE LONDRES

PAR

## M. CASTEL.

*Lu à la Société d'Agriculture, Sciences, Arts et Belles-Lettres de Bayeux dans sa séance générale du 16 août 1851.*

Messieurs,

L'Exposition universelle de Londres offre le plus vif intérêt, non-seulement par la forme et les dimensions du palais qui la renferme, la variété et la richesse des objets exposés et le nombre des visiteurs de toutes les nations qui se pressent dans les galeries, mais parce qu'on peut, en quelques heures faire pour ainsi dire le tour du globe terrestre et constater le degré d'avancement des peuples qui l'habitent dans la carrière de l'industrie et des arts.

Lorsqu'on réfléchit qu'une année à peine a suffi pour préparer cette grande exhibition, inviter tous les peuples des cinq parties du monde à y prendre part, confectionner et expédier les produits, construire le vaste palais destiné à les contenir, on croit réellement être sous le charme d'un récit merveilleux des *Mille et une Nuits* : la paix et la vapeur ont permis de réaliser un projet qui, il y a moins de cinquante ans encore, eût été rangé parmi les rêves d'une imagination en délire.

Le palais de l'Exposition a été élevé dans la partie sud de Hyde-Park, presque à l'extrémité occidentale de la ville de Londres. Il a 552 mètres de longueur, 137 de largeur, et est divisé de l'est à l'ouest en deux parties égales par une galerie transversale, désignée sous le nom de transept, de 33 mètres de hauteur, dont la toiture est à plein cintre ou de forme semi-circulaire. C'est dans la façade de ce transept que se trouve l'entrée principale. Le bois, le fer et le verre sont les seuls matériaux employés dans la construction de l'édifice.

Vu extérieurement, le palais de l'Exposition ou *Palais de Cristal*, comme on le désigne ordinairement, frappe plus par ses vastes dimensions que par son caractère architectural ; mais lorsqu'on pénètre dans l'intérieur, qu'on considère les richesses qu'il renferme, les drapeaux aux couleurs nationales de toutes les nations qui planent sur leurs produits, et les flots de visiteurs qui se pressent dans les galeries, on est frappé d'admiration.

L'intérieur se compose d'un rez de chaussée et de huit galeries supérieures d'une extrême élégance contenant les objets les plus légers et les moins encombrants. On a ménagé au milieu du palais deux grandes allées ou avenues, l'une longitudinale et l'autre transversale, ornées de fontaines et d'objets d'art; il s'y trouve aussi quelques produits industriels remarquables; et l'avenue du transept est en outre décorée de plusieurs ormes séculaires qui ont été englobés dans la construction et sont des témoins vivants du respect qu'ont les Anglais pour tout ce qui a un caractère d'utilité ou d'agrément. Partout ailleurs, on eût abattu ces arbres qui nuisaient aux architectes; en Angleterre on a donné plus d'élévation au comble d'un édifice qui ne devait être que temporaire pour conserver ces vieux témoins de l'établissement du parc.

La partie Ouest du palais est entièrement occupée par les produits de la Grande-Bretagne et de ses colonies, et la partie Est se subdivise en un nombre de compartiments égal à celui des autres états qui sont représentés à l'Exposition. Du côté septentrional se trouvent trois vastes buffets avec salles pour les consommateurs.

Il a déjà paru dans les journaux un certain nombre d'articles sur l'exposition de Londres; mais je n'ai encore vu nulle part un rapport succinct et rationnel sur les richesses qu'on y admire : chaque écrivain s'est occupé de ce qui rentrait dans sa spécialité, de sorte que nous avons des monographies, mais aucun travail d'ensemble.

Ayant eu l'avantage de visiter cette grande exhibition, j'ai examiné avec le plus vif intérêt la plupart des objets remarquables de chaque classe de produits; et je pense, Messieurs, que vous ne serez pas fâchés de connaître l'opinion personnelle d'un de vos concitoyens sur un événement industriel d'une si haute portée. Ce ne sera ni un jugement motivé ni une appréciation systématique, mais un aperçu sommaire, impartial, consciencieux, rédigé à l'aide de notes prises sur les lieux, après examen des objets. (1) Je m'attacherai surtout à faire ressortir ce que les divers états ont exposé de plus remarquable, et je terminerai par un essai de classement de ces états dans l'ordre que leur assignent l'importance et le degré d'avancement de leur industrie.

(1) Ayant fait des rapports sur les expositions nationales de 1844 et 1849, que j'ai visitées avec attention, je me suis familiarisé avec les noms de nos principaux industriels et ai acquis des connaissances technologiques qui m'ont été d'un grand secours pour la rédaction de mes notes. Sans ces études préliminaires et d'autres non moins précieuses, je me serais bien gardé d'émettre une opinion sur le mérite relatif de tant de produits divers.

Je désirerais suivre dans mon rapport le plan du Palais de Cristal ; mais les états des cinq parties du monde y sont tellement mêlés que je préfère adopter l'ordre géographique qu'ils occupent sur le Globe.

# ROYAUME-UNI.

Comme je l'ai dit précédemment, la Grande-Bretagne et ses colonies occupent la moitié du Palais de Cristal. Quelques journaux se sont récriés contre la part qui a été faite au Royaume-Uni par la Commission royale ; mais je trouve tout ce qu'on a dit à ce sujet aussi injuste que mal fondé; car cet immense empire a bien rempli l'espace qui lui a été attribué, et les autres états ont obtenu des compartiments en rapport avec leurs produits. Si on a été obligé d'élargir le département français, ce qui lui a donné une forme peu régulière et a nui au classement rationnel des objets, quelques autres ne sont pas complétement garnis ; et sur les huit galeries supérieures, il en reste une presque vide, le derrière seulement étant occupé par des vitraux et des papiers peints.

## ANGLETERRE, ÉCOSSE ET IRLANDE.

La mère patrie anglaise, par un sentiment de patriotisme qui l'honore, a voulu exhiber toutes ses richesses productives. Les innombrables objets exposés par elle ont été divisés par la Commission royale en quatre sections et trente classes.

### Ire Section.—PRODUITS BRUTS.

#### CLASSE 1re.—Mines et Produits minéraux.

Connaissant toute l'importance des matières premières, surtout des produits minéraux, les Anglais ont présenté des échantillons de toutes leurs roches, minerais, pierres à bâtir, ardoises, etc. Nous autres Français, un peu superficiels et amis du brillant, de ce qui flatte les yeux, nous n'avons jamais songé à faire figurer à nos expositions nationales une collection complète de nos produits minéraux : nous nous sommes bornés à exposer quelques marbres et ardoises fines. Cependant nous sommes beaucoup plus riches que nos voisins d'outre-Manche en matériaux de construction et d'ornementation. Pour tous les objets de sculpture un peu soignés, ils sont obligés de venir chercher de la pierre de Caen, qui s'exporte d'ailleurs dans toute l'Europe, et dont je n'ai remarqué aucun échantillon brut aux expositions de 1844 et de 1849, pas plus que du calcaire blanc de Quilly, qui était exploité dès l'époque gallo-romaine.

J'ai vu avec beaucoup plus d'intérêt cette partie de l'exposition anglaise que le fameux diamant indien, célèbre sous le nom de Koh-i-noor, qui n'est qu'un objet de pure curiosité, tandis que les minéraux les plus vils, le charbon et l'oxide de fer, par exemple, sont les sources véritables de la richesse et de la puissance des états modernes.

Parmi les nombreux produits bruts de l'exhibition anglaise j'ai principalement remarqué les blocs de charbon d'un poids énorme [1] exposés par MM. Oakeley et Round, Haines et fils, Barrow, etc.; les colonnes et obélisques de granit de la compagnie exploitant les carrières de Gheesewring, et ceux de MM. Freeman ; les grandes tables ou dalles de schistes de MM. Morphet, Carnegie, Brown, etc., dont quelques-uns ont plus de 5 mètres de longueur; les meules à aiguiser les grands outils de MM. Bedfort, Bonson Drake et Cie, de 8 pieds anglais de diamètre (2m,44) et 14 pouces (0m,35) d'épaisseur; les beaux échantillons de minerai de fer et de cuivre de MM. Tenants et Cie, Brealdelbane, Grylls, Leen, Taylor, Collett, etc.; les variétés de marbre, de serpentine et de porphyre exposés par divers. Les objets de cette classe sont extrêmement nombreux; mais les pierres à bâtir, autres que les marbres, les granits et les porphyres, sont en général à gros grains, d'une couleur terne, brunâtre et peu propres à la statuaire et à l'ornementation; les ardoises sont très-épaisses et fort lourdes, ce qui fait que la tuile est généralement employée pour la couverture des édifices de l'Angleterre.

### CLASSE 2e. — Produits chimiques et pharmaceutiques.

On remarque dans cette classe de magnifiques échantillons de sels cristallisés, de couleurs de toutes sortes, de vernis divers, d'eaux minérales et artificielles, et d'autres produits dont je n'ai pu apprécier la valeur industrielle.

### CLASSE 3e. — Substances alimentaires.

Les agriculteurs anglais ont exposé des spécimens de toutes les céréales cultivées dans le Royaume-Uni, parmi lesquelles il y a des espèces nouvelles dont le mérite n'est point encore bien constaté. Cette classe renferme également beaucoup d'échantillons de viandes préparées pour les usages de la marine, de nombreuses variétés de café, de cacao, de tabac, de houblon et autres produits dont l'étude est fort intéressante et très-instructive, mais sur lesquels je n'ai pour ainsi dire jeté qu'un simple coup d'œil.

### CLASSE 4e. — Substances végétales et animales employées dans les manufactures.

Cette classe renferme un grand nombre d'objets, parmi lesquels j'ai par-

(1) Un pèse 24 tonnes et a été extrait d'un puits de mine de 459 pieds anglais de profondeur.

ticulièrement distingué les nombreux échantillons de bois pour ébénistes, tourneurs, teinturiers et autres industriels, tant indigènes qu'exotiques de M. Fauntleroy et fils, de Londres, formant une collection fort remarquable; les laines de l'Angleterre et de l'Australie de M. Preller, de Londres; les lins et chanvres nationaux et étrangers de MM. Marshal et Cie, Mason, etc.; les objets de teinture de M. Smith et Cie, etc.

## IIe Section. — MÉCANISME ET MACHINES.

Longtemps l'Angleterre a eu en quelque sorte le monopole de la construction des machines, parce qu'elle a chez elle en abondance le fer et le charbon et qu'elle possède de vastes usines pourvues d'un outillage complet, conditions principales d'une fabrication économique. Mais, depuis quelques années, de grands établissements de ce genre se sont établis en France, en Belgique, en Allemagne, et l'importation des machines anglaises sur le continent a diminué. En considérant les nombreuses machines exposées par la Grande-Bretagne, on est frappé d'admiration, et on peut se rendre compte plus facilement du génie et de la puissance d'un grand peuple qui a su créer ou s'approprier tant de moyens de production.

Toutes les machines et machines-outils de construction anglaise se recommandent par une fabrication soignée. Plusieurs sont mises en mouvement au moyen d'un générateur de vapeur placé en dehors du palais, qui va, par des conduits, animer ces puissants auxiliaires de l'homme; d'autres mécanismes ingénieux sont mus à bras et fonctionnent en présence du public.

Je n'entreprendrai pas, Messieurs, de vous décrire les nombreuses machines qui se trouvent exposées dans le Palais de Cristal, ce serait un travail au-dessus de mes forces et qui exigerait d'ailleurs un temps décuple de celui que vous voulez bien m'accorder: je vais me borner à indiquer sommairement les objets les plus remarquables de chaque classe.

### CLASSE 5e. — Machines a usage direct, comprenant les voitures et le mécanisme naval et des chemins de fer.

A. *Mécanisme naval.* — Tous les grands établissements de construction ont enrichi l'Exposition de nombreux appareils de bateaux à vapeur pour roues à aubes et pour hélices. On distingue surtout une superbe machine de la force de 700 chevaux sortant de la fameuse usine de Soho, près de Birmingham, créée par l'illustre Watt, et exploitée par M. James Watt et Cie; deux propulseurs à hélice de la force de 300 et 400 chevaux qui sortent des ateliers de M. Penn et fils, célèbres constructeurs de Greenwich, et les appareils variés de MM. Maudslay fils et Field, de Londres.

B. *Matériel des chemins de fer.* — Il y a dans le Palais de Cristal un grand nombre d'objets applicables aux chemins de fer, tant pour la construction et l'entretien que pour le matériel roulant. Ce qui m'a le plus frappé ce sont les locomotives de M. Crampton, qui a introduit de grands perfectionnements et d'heureuses innovations dans la construction de ces utiles appareils; j'ai aussi vu avec intérêt les locomotives construites dans les ateliers de Swindon, appartenant à la Compagnie de *Great Western Railway*. Quant aux voitures de toutes classes destinées au transport des voyageurs sur les voies ferrées, elles sont loin d'avoir l'élégance et le confortable de celles des chemins fer de France, notamment de Paris à Lyon, de l'Ouest et de Paris à Versailles.

C. *Pompes à incendie et autres usages.* — Les pompes destinées à élever les eaux, soit pour éteindre les incendies, soit pour dessécher ou arroser, soit pour alimenter des réservoirs sont fort nombreuses à l'Exposition. J'ai principalement noté : 1° les pompes à incendie avec train pour deux ou quatre chevaux de M. Merryweather, de Londres; 2° la pompe centrifuge, *fonctionnant*, pour dessécher les marais de M. Appold, de Londres, qui est facile à mouvoir, très-puissante et fort ingénieuse; 3° celle du même système de M. Bessemer, de Londres.

D. *Carrosserie.*— La carrosserie anglaise est splendidement représentée à l'Exposition universelle. Il y a une centaine de voitures de toutes formes, depuis les lourdes berlines de voyage jusqu'aux légers phaëtons de parc, et plusieurs sont d'une grande richesse. Je n'ai pas les connaissances nécessaires pour juger de la construction, qui m'a paru d'ailleurs solide et digne d'éloges. C'est la forme surtout que j'ai examinée, et je n'en ai pas été satisfait. En général l'ensemble manque d'élégance. La caisse est peu gracieuse; le train est lourd, et la garniture se distingue plus par la richesse de l'étoffe que par la beauté du tissu et le bon choix du dessin.

Londres est le principal siége de cette importante industrie. Parmi les objets exposés j'ai principalement noté les voitures à deux et à quatre roues de MM. Peters et fils, Mulliner, Trupp, Thorn, Hooper, W. Horne, etc.

### CLASSE 6e. — Machines et outils employés dans les manufactures.

Les machines de cette classe sont remarquables par leur bonne construction, et plusieurs fonctionnent sous les yeux du public. Celles qui ont particulièrement fixé mon attention sont : 1° les outils-machines à tourner, raboter, fileter et percer les métaux de M. Whitworth et Cie, de Manchester; 2° les machines à fabriquer les briques et les tuiles de M. Beart, de Godmanchester, près de Huntingdon; 3° les appareils à travailler le bois, de

M. Furness, de Liverpool; 4° les métiers mécaniques pour fabriquer la dentelle et la blonde de MM. Birkin et Ball, Dunnicliff et Cie, de Nottingham; 5° la machine à couper le carton en cartes pouvant en couper de 3 à 600,000 par jour, de MM. Church et Goddard; 6° le modèle fonctionnant de machine à faire des enveloppes de lettres, de M. Remond.

On remarque encore dans cette classe une machine typographique, dite d'Applegarth, exposée par M. Ingram, de Londres, et qui imprime, sous les yeux du public, l'*Illustrated London News*. Cette machine imprime verticalement par la pression l'un contre l'autre de plusieurs cylindres. Elle excite vivement l'attention; mais comme elle coûte fort cher et qu'elle ne produit que 4 à 5,000 exemplaires à l'heure, elle paraît plus curieuse que d'une utilité réelle.

### CLASSES 7e et 8e.—Génie civil et militaire.—Construction de Batiments, Architecture navale, Armements, etc.

Ces deux classes renferment un grand nombre de modèles de ponts, de viaducs, d'écluses, de brise-lames, de phares, d'églises, de chemins de fer, de vaisseaux, d'appareils de sauvetage, et des armes de toute espèce, parmi lesquelles on distingue les épées, sabres et cimeterres damasquinés et ornés de pierres précieuses de M. Wilkinson et fils, de Londres; les pistolets de M. Lang; les fusils de chasse de MM. Boss, Golding, Goddard, etc.

### CLASSE 9e.-Machines et Instruments d'Agriculture et d'Horticulture.

Si l'agriculture anglaise m'a paru bien au-dessous de la réputation qu'on lui a faite sur le continent, les instruments aratoires du Royaume-Uni exposés dans le Palais de Cristal sont supérieurs à ceux des autres pays : tous, depuis la pelle et la brouette jusqu'à la charrue et la charrette, sont faits avec un soin infini et paraissent parfaitement appropriés à leur destination. On commence à appliquer, en Angleterre, la vapeur aux travaux de l'agriculture. Il y a à l'Exposition de jolies locomotives de la force de quatre à six chevaux pour remorquer des charrues à défricher et des rouleaux d'un fort volume ou pour mouvoir des machines à faner, à battre les céréales et à les moudre. N'ayant vu fonctionner aucun de ces appareils, je ne puis dire s'ils sont d'une utilité réelle et s'il y a économie à les employer.

Les instruments agricoles qui ont le plus frappé mon attention sont : 1° la machine à cheval pour couper les céréales, au moyen de faux à mouvement de rotation horizontal; 2° une machine fixe faisant mouvoir plusieurs charrues à la vitesse de cinq milles à l'heure (8 kilom.), exposée par lord Willoughley; 3° les machines à vapeur portatives de la force de quatre et six chevaux pour battre et moudre le blé, et pour divers autres usages agricoles, de M. Taxford et fils, du Lincolnshire; 4° le rateau à cheval pour ramasser le foin, de M. Grant, de Stamford, etc.

CLASSE 10e. — Instruments de précision et de chirurgie ; Instruments de musique ; Horlogerie.

Les objets de cette classe sont fort nombreux, et leur examen attentif exigerait plusieurs jours. J'indiquerai particulièrement comme dignes d'attention les différents systèmes de télégraphes électriques de MM. J. et J.-W. Brett, de Londres, et ceux de la Compagnie anglaise de Télégraphie électrique ; le télescope à lentille de 11 1/2 pouces de diamètre, exposé par M. Ross ; la grande horloge à quatre cadrans pous voies publiques de M. Bennett, et celle d'église ou de château de M. Roberts ; le grand orgue de Willis ; les pianos de MM. Erard et Akerman ; les instruments de chirurgie de MM. Simpson, Weedon, Evrard, etc.

## IIIe Section.—MANUFACTURES.

### CLASSE 11e.—Coton.

Le coton est incontestablement une des matières les plus précieuses que la terre produit. Son extrême bon marché et la grande facilité avec laquelle il est filé et mis en œuvre le met à la portée de toutes les bourses. Aussi son usage est devenu général, et il a puissamment contribué à extirper de l'Europe la lèpre et d'autres maladies cutanées dues à la malpropreté et au manque de linge. Il y a moins de trois siècles, la plupart des peuples de l'ancien continent étaient nus ou couverts seulement de grossiers vêtements de toile et de laine. Les bas étaient à peu près inconnus ; et les grandes dames seules pour ainsi dire en portaient : c'est surtout depuis 75 à 80 ans que la fabrique des tissus de coton a pris une extension extraordinaire, grâce à Arkwright, l'ingénieux barbier de Preston, qui inventa les machines à filer, dites *Mule-Jenny*, et aux perfectionnements apportés aux machines à vapeur par James Watt. Avant ces admirables découvertes, le produit annuel de la manufacture de coton en Angleterre ne s'élevait qu'à cinquante millions de francs, et maintenant ce produit est d'environ un milliard.

L'Angleterre consomme à elle seule plus de coton que tout le reste du monde réuni ; ses importations en 1849 ont été de 775,000,000 de livres anglaises (289,149,400 kilog.) ; et elle distribue ensuite sur presque tous les marchés du globe, au moyen de ses innombrables vaisseaux, les tissus légers provenant de cette matière.

C'est principalement à Manchester, Bolton et Glasgow que se trouvent les grandes manufactures de tissus de coton ; on cite la maison Schwabe, de Manchester, qui produit annuellement 700,000 pièces d'environ 25 mètres chacune, soit 17,500,000 mètres.

La fabrique de coton n'a pas au Palais de Cristal une importance en rapport avec la masse de ses produits. Soixante-deux exposants seulement représentent cette classe, et je n'ai vu rien de très-notable dans leurs cases. Ce qui m'a paru le plus digne d'être signalé sont les guingans, les cravates et les mouchoirs à carreaux de MM. J. et A. Anderson et D. et J. Anderson, de Glasgow; les rideaux de croisées et les robes en mousseline brodée sur métier de M. Mair fils et Cie, de Londres et Glasgow; les calicots et mousselines de MM. Horvockses, Miller et Cie, de Londres, les rideaux brodés et les toiles perse pour meubles de MM. J. et A. Crocker, de Londres.

### CLASSES 12e ET 15e.—LAINES, TISSUS DE LAINE ET TISSUS MÉLANGÉS Y COMPRIS LES CHALES.

Ces deux classes, ayant entre elles de grandes affinités, ont été réunies dans le Catalogne officiel; mais elles sont tellement importantes que je crois devoir, pour plus de clarté, les diviser en trois articles spéciaux.

A. *Draps et Flanelles.*—Depuis longtemps les draps anglais, surtout les noirs, sont renommés, sinon pour leur solidité, au moins pour leur finesse. Ceux qui figurent à l'Exposition ne démentent pas l'ancienne réputation de la fabrique du Royaume-Uni; il y en a de beaux échantillons; mais les draps nouveautés ou de fantaisie pour pantalons, laissent à désirer sous le rapport du dessin et du choix des couleurs.

Les cases où j'ai remarqué les plus beaux draps, casimirs et flanelles sont celles de MM. Bateson et Cie, de Leeds, draps noirs et draps bleus; Brett frères et Cie, de Londres, draps et casimirs noirs; Midgley frères, de Huddersfield, nouveautés pour pantalons; J. Tweedale et fils, de Healey Hall, flanelles.

B. *Tissus mélangés et de fantaisie.*—Ces articles comprennent les tissus pour gilet, les damas de laine et soie, les mérinos, etc. Parmi ces tissus il convient de citer :

1° Les étoffes pour gilets en soie, laine et coton de MM. W. et C. Murley, de Londres ;

2° Les damas de soie, laine et coton, et les damas soie et laine de M. W. Brown, d'Halifax ;

3° Les tapis de table laine et coton, soie et laine, et les damas soie et laine de M. J. Akroyd et fils, d'Halifax ;

4° Les étoffes de laine de fantaisie de M. J. Taylor, de Meltham ;

5° Les damas et tapis de table de M. Holdsworth et Cie d'Halifax ;

6° Les casimirs pour gilets de M. W. Helme ;

7° Les mérinos de M. Schwannkell et Cie, de Bradford.

C. *Châles.*— La fabrication du châle n'est point fort avancée en Angleterre. Il n'y a guère dans son exposition que des châles cachemire indou, des châles indous, des châles imprimés, des baréges et des imitations de crêpes de chine. Les manufacturiers de ce pays n'ont encore abordé que timidement la fabrication du cachemire pur, ou châle riche; ils paraissent se livrer principalement à la production des articles de consommation courante et à bon marché.

Les châles anglais qui ont le plus fixé mon attention sont ceux de MM. J. Morgan et Cie, Clabburn et fils et Holmes frères, de Londres; Kerr et Scott et R. Kerr, de Paisley.

### CLASSE 13e.— Soieries et Velours.

Les soieries unies et façonnées et les velours exposés par les Anglais annoncent une fabrication avancée et digne d'attention; mais elle n'est encore arrivée à la perfection ni pour la beauté du tissu, ni pour la richesse des dessins, ni pour l'agencement des couleurs.

Les rubans, surtout les chinés, sont, en général, très-larges, et laissent à désirer sous le rapport du dessin.

Dans cette riche classe, je citerai comme dignes d'éloges :

1° Les brocards, brocatelles et damas de M. D. Keith et Cie, de Londres, placés à l'entrée de la grande avenue du sud;

2° Les soieries et velours de MM. Soan et Edgar, et Robinson, de Spitalfields;

3° Les rubans de la fabrique de Coventry exposés par MM. Sturdy et Turner.

### CLASSE 14e. — Lin et Chanvre.

C'est principalement l'Irlande qui a enrichi l'Exposition des plus beaux produits de cette classe : Le lin y étant cultivé en grand et y réussissant fort bien, il était tout naturel que les habitants songeassent à le mettre en œuvre, afin d'en tirer un parti plus avantageux.

Les objets les plus remarquables de cette classe sont : 1° les toiles et services de table damassés de la manufacture royale d'Ardoyne, et ceux exposés par MM. Richardson fils et Owden, de Belfast; 2° les nappes damassées de MM. W. Hunt et fils, et D. Birrell, de Dunfermline; 3° les mouchoirs de batiste et les toiles d'Irlande de MM. T. Bell et Cie, de Belfast, J. Henning et Clibbourn, Hill et Cie, de Banbridge; 4° les coutils de M. J. Wilford et fils, de Brompton, etc.

### CLASSE 16e. — Cuir, Sellerie et Harnais, Peaux, Fourrures, Crin.

Cette classe renferme des cuirs tannés et vernis, des marocains de diverses couleurs, des harnais assortis, des chaussures de toute espèce, des fourrures riches et communes; mais je n'ai rien remarqué qui sorte des conditions d'une bonne fabrication ordinaire.

CLASSE 17e. — Papeterie, Imprimerie et Reliure.

A. *Papeterie.* — Les papiers anglais m'ont paru au-dessous de leur réputation. Ils sont unis, homogènes, solides, mais les papiers blancs manquent en général de blancheur et les papiers de couleur n'ont rien de remarquable.

Parmi les nombreux papiers du Royaume-Uni je citerai ceux de MM. Spicer frères, de Londres : Ils ont exposé un rouleau de papier continu qui a, dit-on, 1,500 yards de longueur (1,372 mètres) et 46 pouces anglais de largeur (1m,16). Avec les machines à papier continu, de pareils échantillons ne sont pas fort difficiles à obtenir : ce sont donc plutôt des objets de curiosité que des perfectionnements utiles.

MM. Spicer ne sont pas les seuls fabricants qui représentent dignement la fabrication anglaise à l'Exposition. J'ai aussi remarqué le papier à lettres glacé, le papier pour billets de banques et pour registres, etc. de M. A. Cowan et fils, d'Edimbourg, et les registres et articles de papeterie de M. Waterlow et fils, de Londres.

B. *Typographie.* — La typographie anglaise ne m'a rien offert de notable. En général les caractères sont nets et assez bien assemblés; mais les titres des ouvrages sont faits sans goût et sans aucun sentiment de l'art.

Les objets les plus curieux de la typographie britannique sont les publications de la Société biblique anglaise et étrangère en 170 langages différents.

C. *Lithographie.* — La lithographie et la chromolithographie anglaises sont faibles : les épreuves en noir manquent de ton et de lumière, et les dessins et gravures coloriés sont trop pâles, trop délavés : les planches bien réussies sont rares. J'ai remarqué quelques bonnes gravures sur bois dans la case de MM. Cundall et Addey, de Londres.

D. *Cartes de géographie.* — Il y a dans l'Exposition anglaise beaucoup de plans et de cartes géographiques et géologiques, dont quelques-uns sont à une grande échelle; mais la gravure est en général fort commune, et le coloriage des cartes géologiques est très-peu satisfaisant. Ce qui m'a paru le plus digne de remarque est une grande carte de Londres et de ses environs exposée par M. Ruff et Cie ; l'Atlas de 67 cartes des diverses parties du monde de M. J. Wyld, et la grande carte de l'Angleterre et du pays de Galles, de M. Cruckley.

E. *Librairie.* — Les livres imprimés sont peu nombreux. La lecture principale du peuple anglais est celle de la Bible et des journaux. Il y a des bibles depuis dix centimes jusqu'à cent francs, dans tous les formats et avec toute espèce de reliure.

Les expositions de livres les plus notables sont celles de la Société biblique et de la Société pour la propagation des pamphlets religieux.

F. *Reliure.* — La reliure anglaise est dignement représentée dans le Palais de Cristal : on y voit de nombreux et riches produits de cette industrie, parmi lesquels on distingue les objets exposés par MM. R. Rivière, Clarke, Westleys et Cie, et les specimens de reliure à la mécanique de MM. Leighton, Jane et Rob.

CLASSE 18e. — ETOFFES TISSÉES, FEUTRÉES ET FOULÉES, TEINTES ET IMPRIMÉES.

Les objets de cette classe ne sont nullement en rapport avec l'importance de la fabrication anglaise, surtout des tissus imprimés, qui s'exportent sur tous les points du globe. Il y a bien des calicots, des mousselines, des jaconas, des toiles perse pour meubles, etc., dont l'impression est passable; mais en général ce sont des articles à bon marché et dont les dessins sont fort médiocres. Ce qui m'a paru le plus digne d'être cité sont les mousselines, jaconas et mousselines de laine imprimée de M. T. Hoyle et fils, de Manchester; les batistes et autres tissus imprimés de MM. Salis, Schwabe et Cie, de Manchester; les toiles perse pour tentures et rideaux de MM. Swainson et Dennys, de Londres; les balzorines, baréges et mousselines de laine imprimées de M. Simpson et Young, de Manchester; les châles imprimés de MM. M[c]. Nair et Brand, de Glasgow.

CLASSE 19e. — TAPIS, TAPISSERIE, DENTELLES ET BRODERIES.

A. *Tapis et Tapisserie.* — Les tapis sont d'un usage tellement général à Londres, et sans doute dans la plupart des villes de l'Angleterre, qu'il s'en trouve jusque dans les maisons des ouvriers. Cet usage doit être autant une mesure d'hygiène qu'un caprice de la mode. Dans une ville humide, où le soleil ne brille qu'à de rares intervalles pendant six mois de l'année au moins, il est nécessaire que les appartements, surtout ceux qui sont pavés en briques, soient garantis contre les influences délétères du froid et de l'humidité.

La grande consommation qui se fait des tapis a imposé aux manufacturiers anglais l'obligation de les confectionner à bon marché. Il en faut, sans aucun doute, pour les châteaux et les hôtels de l'aristocratie; mais le nombre de ces demeures princières est bien faible comparé aux maisons des commerçants, des industriels, des ouvriers ; et les objets d'un usage populaire sont nécessairement beaucoup plus nombreux que ceux du luxe.

C'est probablement à cette cause qu'il faut attribuer la prédominence à l'Exposition des tapis communs sur ceux d'un prix élevé. Il y en a fort peu de remarquables. En général les tapis veloutés n'ont ni l'éclat des couleurs, ni la beauté du dessin qu'on recherche ordinairement dans ces tissus de luxe. Les moquettes sont mieux entendues et d'un effet plus agréable, sans pourtant sortir des conditions d'une bonne fabrication ordinaire. Quant aux tapis communs et en pièce, ils se distinguent surtout par leur extrême bon marché.

Les tapisseries historiées sont assez nombreuses, et plusieurs présentent de l'intérêt sous le rapport de la forme et de l'exécution.

Il est fort difficile, à une première vue, de juger du mérite relatif d'une quantité d'objets à peu près semblables et qui se trouvent disséminés sur divers points. J'ai cependant remarqué comme dignes d'être cités :

1° Les tapis d'Axminster et ceux dits de Bruxelles de MM. Vatson, Bell et Cie, de Londres ;

2° Les tapis veloutés et les tapis dits de Bruxelles de M. H. Woodward et Cie, de Kidderminster ;

3° Les tapis veloutés de M. J. Holmes, de Kidderminster ;

4° Les tapis et tapisseries mosaïque de M. Crossley et fils, d'Halifax ;

5° Un tapis fabriqué à Axminster pour la reine Victoria, exposé par M. Dowbiggin et Cie, de Londres.

B. *Dentelles et Broderies.* — L'Exposition anglaise renferme une grande quantité de dentelles, de tulles unis et brodés et de broderies ; mais je n'ai rien distingué de notable. Il y a beaucoup d'imitations de Bruxelles et de dentelles de Devonshire, dites de Honiton, espèce de filet avec des dessins dans le genre de la guipure. Le point d'Angleterre, plus riche que beau, y est aussi représenté par plusieurs objets de prix ; on y voit également beaucoup de tissus légers de Nottingham, fabriqués à la mécanique et imitant plus ou moins heureusement la dentelle. Tout cela n'a pas l'élégance des riches réseaux connus sous le nom de Malines, de Bruxelles, de Valenciennes, de nos blondes françaises et du point d'Alençon. Quant aux broderies sur tulle et sur mousseline, je n'ai rien vu d'une beauté hors ligne.

Ce qui m'a paru le plus digne d'être signalé sont les dentelles de Honiton et les broderies de MM. Howel, James et Cie, de Londres ; les dentelles en point d'Angleterre de MM. Gard et Weedon, de Londres ; les dentelles et broderies de M. Gill, d'Axminster ; les broderies des établissements des frères Moraves à Fulneck et Ockbroock.

### CLASSE 20e. — Articles d'Habillement, d'usage immédiat, personnel ou domestique.

Cette classe renferme une quantité considérable d'articles de mode, de vêtements pour hommes et pour femmes, de chemises, corsets et autres objets, soit de luxe, soit d'usage général, parmi lesquels je n'ai rien remarqué qui mérite d'être spécialement cité.

CLASSES 21e ET 22e.— COUTELLERIE ET TAILLANDERIE, QUINCAILLERIE, Y COMPRIS LA SERRURERIE, LES GRILLES DE CHEMINÉE, ETC.

Ces deux classes, qui ont entre elles beaucoup d'affinité, contiennent un grand nombre d'objets dignes d'être signalés.

A. *Coutellerie et Taillanderie.*—La coutellerie anglaise m'a paru au-dessous de sa réputation et de l'idée que je m'en étais faite. La coutellerie ordinaire, c'est-à-dire de consommation courante, est bien confectionnée et susceptible d'un bon emploi, surtout les rasoirs et les couteaux de table; mais la coutellerie de luxe n'offre rien de merveilleux ni sous le rapport du fini du travail, ni sous celui de ses ornements. Dans cette branche d'industrie comme dans beaucoup d'autres, les Anglais visent plus à l'utile qu'au brillant ; ils savent parfaitement que le nombre des consommateurs d'objets solides et d'usage journalier est infiniment plus grand que celui des acheteurs d'articles de luxe ou de fantaisie ; et leur industrie suit naturellement l'impulsion que lui donne le commerce.

Comme la coutellerie ordinaire, la taillanderie anglaise paraît bonne, solide, bien conditionnée.

Londres est le siége de la coutellerie de luxe, et c'est à Sheffield que se fabriquent les objets d'usage général, de consommation courante ; il y a aussi à l'Exposition un grand nombre d'outils et d'articles de quincaillerie sortant des ateliers de cette ville, qui paraît être le centre principal de ces industries.

Parmi les objets les plus notables de la coutellerie anglaise, j'ai principalement remarqué les nombreux produits des manufactures de Sheffield ; et les articles de coutellerie fine de MM. W. Loy, J. Durham Gradwell, de Londres, et Bradford, de Cork (Irlande); les outils des manufactures de Sheffield et ceux de MM. Field, de Londres, et W. Waldron et fils, de Stourbridge.

B. *Quincaillerie et Serrurerie.*—Les articles de quincaillerie et de serrurerie sont fort nombreux et d'une bonne confection. Le fer est à si bon marché dans la Grande-Bretagne, et les Anglais savent si bien le mettre en œuvre que cette partie importante devait figurer avec avantage à l'Exposition.

Ce qui m'a paru le plus digne d'être noté parmi les articles de quincaillerie et de serrurerie sont les nombreux produits de Sheffield ; les fils de fer, les épingles et aiguilles de Birmingham ; les grilles, les fontaines monumentales et les statues en fer bronzé de l'usine de Coalbrook Dale ; les tamis à poudre pour polir les glaces, qui présentent jusqu'à 14,400 trous sur une surface d'un pouce carré anglais, exposés par M. Walker, de Londres; les boutons de portes et plaques en cuivre, verre, etc. de M. Hart et fils, de Londres ; les autels, croix d'autel, pupitres, prie-Dieu, chandeliers en cuivre de M. J. Hardman et Cie, de Birmingham, etc.

C. *Grilles et ornements de foyer.*—Dans un pays où l'on tient extrêmement au luxe de l'intérieur des habitations et où il règne presque constamment une température froide et humide, les appareils de chauffage sont de première nécessité ; et les constructeurs doivent s'attacher constamment à les perfectionner et à leur donner des formes agréables.

Pour tout ce qui concerne la poëlerie et les appareils de chauffage, l'Angleterre a une supériorité incontestable dans le Palais de Cristal. On admire principalement les magnifiques cheminées en albâtre et fer émaillé, les poëles et garde-cendres avec ornements en argent et les fourneaux de maisons de campagne de M. Pierce, de Londres ; les superbes calorifères pour salons et cabines de bateaux à vapeur, exposés par M. Evans fils et Cie, de Londres ; les belles cheminées en fer moulé et autres, surtout celle genre renaissance, de MM. Bailey et fils, de Londres.

## CLASSE 23e.—Métaux précieux, Orfévrerie, Bronzes.

Cette classe est d'une richesse inouïe. Quelques cases renferment pour plusieurs millions d'objets ; et le nombre des exposants est de plus de 130.

A. *Orfévrerie et Bijouterie.*—L'orfévrerie anglaise se distingue surtout par le nombre et la variété des objets qui la composent. L'ensemble forme un splendide coup d'œil. Il y a des pièces d'un volume considérable ; mais elles laissent à désirer sous le rapport du dessin et de la ciselure. Les formes sont trop contournées et manquent d'élégance. Les statuettes, bien que quelques-unes soient remarquables, ne sont pas posées avec aisance : il y a quelque chose de forcé et d'indécis dans leur attitude ; les figures ne sont pas assez expressives, assez gracieuses ; et les draperies ne satisfont pas toujours aux exigences du goût. Toutefois, on voit dans plusieurs cases des pièces d'un grand prix et qui témoignent de l'habileté des ouvriers qui les ont exécutées.

La jouaillerie et la bijouterie sont, en Angleterre, réunies à l'orfévrerie ; et les mêmes fabricants exploitent toutes les branches des métaux précieux. Elles offrent des objets d'une grande valeur, mais, en général, plus riches que beaux.

MM. Hunt et Roskell, Garrard et Morel, de Londres, figurent au premier rang parmi les orfévres anglais.

L'exposition de MM. Hunt et Roskell se distingue non-seulement par son importance hors ligne, mais encore par la beauté des objets exposés. On remarque particulièrement un superbe milieu de table, style renaissance, figurant les Titans foudroyés par Jupiter ; un bouclier en fer et argent repoussé représentant, dans une suite de tableaux allégoriques, les travaux de Milton, Shakspeare et Newton ; une parure en brillant, estimée, dit-on, à 1,800,000 francs.

MM. Garrard ont également exposé un grand nombre d'objets d'une belle fabrication, notamment un candélabre à cinq branches, décoré de charmantes statuettes d'enfants, avec encadrement de pampres et de raisins artistement sculptés ; une grande coupe de forme antique ; un milieu de table d'une composition habile ; des parures d'un beau travail de joaillerie, etc.

M. Morel, qui tient, depuis longtemps, une place distinguée dans la brillante industrie des métaux précieux, a quitté Paris en 1848, où sa maison était fort connue, pour s'établir à Londres, et a transporté sur les bords de la Tamise le goût et l'habileté qui lui ont valu, à l'exposition française de 1844, une médaille d'or.

On admire principalement dans l'exposition de M. Morel un grand miroir en argent, genre Louis XV ; un service de thé avec plateau en vermeil, style Louis XIV ; une tasse en agate montée en argent ; de délicieux petits vases émaillés, enrichis de dorures et de pierreries ; un bouquet de diamants, etc. Comme objet d'art d'un mérite distingué, mais dont le sujet n'inspire pas beaucoup de sympathie, il convient de mentionner une petite statue équestre en argent repoussé de la reine Elisabeth, aussi remarquable par la beauté du travail que par la consciencieuse vérité du style.

Si M. Morel n'occupe pas le premier rang pour la richesse des objets formant l'ensemble de son exposition, il est certainement supérieur à ses confrères de Londres sous le rapport du goût, de l'élégance et de la perfection du travail.

Je dois encore citer comme objets remarquables de l'orfévrerie anglaise :

1° Un superbe candélabre dessiné par la duchesse de Sutherland, modelé et sculpté par Beattie et exposé par MM. Smith, Nicholson et Cie ;

2° Les vases à fleurs, les théières, les cafetières émaillées et dorées, et les boucliers historiés de M. J. Angell, de Londres ;

3° La table en ébène avec incrustations en argent, genre étrusque, et les candélabres, style Louis XIV, de M. C.-F. Hancock, de Londres ;

4° Les statuettes de MM. Phillips frères, de Londres ;

5° La grande pendule en argent de M. Emanuel, de Londres, représentant Apollon conduisant le char du soleil ;

6° Le grand vase genre étrusque, et le candélabre style oriental de M. G. Angell, de Londres.

B. *Bronzes.*—Les bronzes d'art et d'ameublement n'occupent pas une grande place dans le département anglais ; et, en général, ils n'ont de mérite ni sous le rapport de la forme, ni sous celui de l'exécution : ils sont lourds, mal montés et offrent peu d'intérêt.

La principale exposition de statuettes, groupes et autres bronzes d'art est celle de MM. Elkington, Mason et Cie, qui ont aussi une belle collection de vases et objets divers dorés et argentés par le procédé électrochimique.

## CLASSE 24e.— VERRERIE.

A. *Verre ordinaire.* — Les verres à vitre et à bouteille de l'Angleterre, surtout les premiers, dans les qualités supérieures, sont blancs, unis, d'une bonne fabrication.

Birmingham paraît être le siége des principales verreries du Royaume-Uni. Il faut qu'il y existe des établissements immenses, car la maison Chance seule a fourni en quelques mois le verre nécessaire pour la construction du Palais de Cristal, formant ensemble 93,000 mètres carrés et pesant plus de 400,000 kilogrammes.

B. *Cristaux.*—Les cristaux anglais sont beaux, sans cependant être hors ligne. La taille est en général d'une bonne exécution ; mais les formes ne sont pas assez variées. Il y a peu de grandes pièces en verre de couleur, genre Bohême. Ce que j'ai vu de mieux ce sont des vases en cristal blanc, gravés ou avec des dessins en relief.

Le plus grand objet de cristal de l'Exposition est la belle fontaine à trois vasques superposées, qui se trouve au centre de l'avenue principale et du transept. Elle a 27 pieds anglais de hauteur (8m,20). Ses formes se marient merveilleusement avec les nappes d'eau qu'elle projette et qui retombent divisées en myriades de perles transparentes dans le bassin de pierre qui l'entoure. Cette fontaine fait honneur à la maison Osler, de Birmingham.

MM. Chance frères et Cie méritent aussi d'être cités avec éloge pour leurs grands appareils de phares de premier ordre.

Parmi les vases de table et d'ornement j'ai principalement remarqué :

1o Un grand vase bleu turquoise, orné de dessins bleus et or, et les verres façon Bohême de M. R. Harris et fils, de Birmingham ;

2o Les cristaux taillés et unis et les objets émaillés de MM. Richardson, de Stourbridge ;

3o Les verres taillés et gravés de MM. Molineux, Webb et Cie, de Manchester ;

4o Le milieu de table de M. Bacchus et fils, de Birmingham.

C. *Glaces.*—Il y a dans l'exposition anglaise des glaces de grandes dimensions ; mais elles ne m'ont pas paru à l'abri de la critique sous le rapport de l'exécution et surtout de la réflexion exacte des images.

Les glaces qui m'ont le plus frappé sont celles exposées par la manufacture de la *Tamise*, et par MM. Donne et Ponsonby, de Londres.

D. *Vitraux peints.*-L'art de la peinture sur verre ne m'a pas semblé être très-avancé en Angleterre. Ce pays a exposé un assez grand nombre de verrières de différents styles ; mais je n'ai vu rien de notable que les vitraux des XIIIe, XVe et XVIe siècles de MM. Chance frères, de Birmingham, et ceux de MM. Holland, de Saint-Jonh's Warwick.

Les verrières de MM. Chance méritent des éloges. Les dessins sont assez purs, et les couleurs sont brillantes et bien agencées, sans cependant que l'ensemble soit parfait, il y a là des réminiscences des produits similaires français des meilleures fabriques [1].

L'exposition de MM. Holland n'est pas aussi satisfaisante. Les vitraux du XIIIe siècle sont harmonieux et bien réussis, mais ceux du XVe n'ont pas, à mon avis, la même valeur artistique et industrielle.

### CLASSE 25e — PORCELAINE, FAÏENCE, POTERIE.

La céramique est parvenue en Angleterre à un assez haut degré de perfection. La porcelaine est un peu terne et opaque; la forme des vases n'est pas toujours satisfaisante; les dessins manquent souvent d'élégance; mais les couleurs des ornements peints ont de l'éclat, et les dorures sont généralement bien appliquées. Quant à la faïence fine ou porcelaine opaque, elle mérite la réputation dont elle jouit par ses formes variées, sa solidité et son bon marché.

A la tête des fabricants de porcelaine qui font honneur à l'exposition anglaise figurent MM. H. Minton et Cie et W. Copeland, de Stoke-Upon-Trent, dans le Staffordshire.

M. Minton a de beaux vases bien modelés, en feldspath pur, dite *Pâte de Paros*, un superbe service de table, des pots à fleurs avec bas-reliefs d'après Torswaldsen, des statuettes et autres objets d'une exécution soignée.

M. Copeland se distingue aussi par une fabrication remarquable de services de tables, vases de toutes grandeurs, statuettes d'après les plus habiles artistes, etc.

MM. F. et R. Boote, de Burslem, dans le comté de Stafford, présentent de magnifiques vases de couleurs azur et fauve avec bas-reliefs et incrustations blanches réhaussées de filets d'or.

M. Wedgwood et fils d'Etrurie, près de Newcastle-under-Lyne, ont exposé de beaux vases en porcelaine, notamment une copie du vase de Portland ou Barberini, des vases en jaspe bleu, avec bas-reliefs blancs et une quantité d'objets en pâte d'argile plastique et de feldspath, ou porcelaine opaque, d'une belle fabrication et dont il s'exporte des quantités considérables sur le Continent et en Amérique.

M. C. Mason, de Longton, offre de beaux vases genre Chine et Japon.

### CLASSE 26e. — MEUBLES, AMEUBLEMENT, PAPIERS PEINTS, etc.

Tout ce qui concerne l'ameublement des habitations est en Angleterre

(1) M. Beautemps, ancien directeur des verreries de Choisy le Roy, est, depuis 1848, à la tête des ateliers de MM. Chance.

l'objet d'un commerce considérable. Les habitations sont simples à l'extérieur; mais il y a beaucoup de luxe à l'intérieur, surtout dans les appartements du premier étage, où se trouvent les salons, les salles à manger et autres pièces non à l'usage particulier de la famille.

A. *Meubles et ameublement.*— L'ébénisterie anglaise est riche; mais elle pèche ordinairement contre les règles de l'art : les formes manquent d'élégance, et les ornements sont trop prodigués. Les meubles dans le goût de la renaissance sont lourds, peu distingués ; le genre Boule est médiocre; le style Louis XV n'a rien de remarquable, et la marqueterie, sauf quelques objets hors ligne, pique médiocrement la curiosité.

Mais si l'ensemble de cette partie de l'Exposition ne répond pas aux exigences d'une fabrication artistique, il y a parmi les ébénistes de l'Angleterre des industriels de mérite et dignes d'être honorablement cités.

Un des plus grands et des plus remarquables meubles du département anglais est le grand buffet sculpté de MM. Cookes et fils, de Warwich, représentant diverses scènes du roman de Walter Scott intitulé : *Le Château de Kenilworth.* Les sculptures sont un peu confuses, mais il y a des figures bien traitées, et l'ensemble est satisfaisant.

M. Trollope, de Londres, a des meubles en chêne et en bois de citronnier assez bien travaillés.

M. J. Steevens, de Taunton, a exposé un cabinet en noyer richement sculpté.

M. Pratt, de Londres, se distingue par une commode genre Boule qui n'est pas exempte de reproche sous le rapport de la forme, mais dont les incrustations paraissent bien faites.

Je dois encore mentionner avantageusement : 1° la console et la glace, de grandes dimensions et richement ornées, de M. Mc Lean, de Londres ; 2° les jolis coffrets à bijoux et boîtes à ouvrages de M. Wertheimer, de Londres; 3° les beaux meubles en noyer de M. Daveston, de Manchester ; 4° le superbe lit de M. Fox, de Londres, dont la couche est en noyer doré et les tentures en soie bleue ; 5° les tables, écrans et autres articles en papier mâché, avec incrustations de nacre et peintures en laque de Chine, de M. T. Lane, de Londres, etc.

B. *Décoration.*— Le décors des appartements est un complément nécessaire d'un bel ameublement; et tout ce qui peut servir à cet usage est bien représenté à l'Exposition. Je citerai avec éloges :

1° Les papiers peints dans les styles arabe et Louis XV de M. W. Woollams et Cie, de Londres ;

2° Les papiers genre Tudor de M. Norwood, de Londres ;

3° Les écrans et le papier damassé de M. Arthur, de Londres ;

4° Les stores de M. Noël, de Londres ;

5° Les tissus de soie et de verre de MM. Williams et Sowerby, de Londres.

CLASSE 27e. — SUBSTANCES MINÉRALES MANUFACTURÉES, POUR CONSTRUCTION ET DÉCORATION DE BATIMENT.

Parmi les objets de cette classe j'ai principalement noté les briques émaillées ou tuiles encaustiques de M. H. Minton et Cie, dont on peut voir une magnifique application dans l'antichambre de la salle des séances des Lords au palais de Westminster ; des fonds baptismaux en pierre de Caen, exposés par MM. Margetts et Eyles, d'Oxford; les imitations de marbre avec incrustations dans le genre des mosaïques florentines de M. Magnus, de Londres ; les tables, vases et autres articles avec incrustations de diverses espèces de marbres de M. Vallance, de Bath; les tables mosaïque en marbre du Staffordshire et du Derbyshire de M. Tomlinson, d'Ashfard, etc.

CLASSE 28e. — SUBSTANCES ANIMALES ET VÉGÉTALES MANUFACTURÉES, NI TISSÉES, NI FEUTRÉES.

Dans cette classe se trouvent une quantité d'objets sculptés en bois et en ivoire, et d'articles en caoutchouc et *gutta-percha*, parmi lesquels je citerai les boîtes à thé et autres ouvrages en ivoire incrustés d'or et d'argent de M. Peters et fils, de Birmingham; les vêtements et chaussures en gutta-percha, exposés par la compagnie de *Gutta-Percha*, de Londres, etc.

CLASSE 29e. — FABRICATIONS DIVERSES ET PETITS OBJETS.

Cette classe comprend un nombre infini d'articles de toilette, de mode et de fantaisie, dont quelques-uns ont du mérite, notamment les poupées en cire de M. Montanari, de Londres ; les fleurs artificielles de MM. Foster et Duncum, de Londres ; les vases de fleurs et plantes en cire de Mlle Henrietta Ewart, de Londres ; les nécessaires, boîtes, coffrets de M. C. Asprey, de Londres, etc.

## IVe SECTION. — BEAUX-ARTS.

CLASSE 30e. — SCULPTURE, ART PLASTIQE, MOSAÏQUE, ÉMAUX, ETC.

L'Exposition universelle n'est pas uniquement industrielle : Les Beaux-Arts y sont aussi représentés. La peinture n'y figure pas; mais la Statuaire, la Mosaïque, la Plastique y tiennent une place distinguée. Un grand nombre de statues, statuettes et autres objets en bronze, en marbre, en pierre, en plâtre et en bois décorent les grandes avenues du Palais de Cristal ; d'autres ornent la salle dite *des Sculptures*, ou sont disséminés dans les galeries. Quelques-uns de ces objets ont une valeur artistique incontestable. J'ai principalement remarqué :

1° Les statues de lord Eldon et du baron Stowel, groupe en marbre dessiné et modelé par M. Mosgrave Wetson et exécuté par G. Nelson ;

2° *L'Enfant et le Papillon*, *Arétuse*, *Vénus et l'Amour*, charmantes statues, par Thrupp ;

3° *Narcisse*, figure gracieuse et souriante, par Theed ;

4° *Les Enfants perdus dans la Forêt*, joli groupe en marbre blanc, par Bell ;

5° *Vénus et Cupidon*, beau marbre, par Davis ;

6° *Jeune Homme sur le bord d'un Torrent*, statue en bronze, par Hatfield ;

7° La *Vierge et l'Enfant Jésus*, bas-relief en marbre, par Davis ;

8° Pluvier doré et Bouquet de fleurs et de fruits, superbes sculptures sur bois, par Wallis ;

9° Deux grandes amphores en agate, par Norchi, etc.

10° Les statues équestres de la reine Victoria et du prince Albert, de grandeur naturelle, par J. Wyatt ;

11° Un grand coffret à bijoux en bronze doré et argenté, exécuté dans les ateliers de M. J. Elkington, à Birmingham, avec portraits sur porcelaine de la reine, du prince Albert et du prince de Galles et des petits médaillons représentant les princes et princesses de la famille royale, modelés par M. Léonard Wyon.

## POSSESSIONS COLONIALES.

### INDES ORIENTALES.

L'appel fait par l'Angleterre à ses colonies a été entendu : la plupart ont envoyé des produits à l'Exposition universelle.

Au nombre des possessions coloniales de la Grande-Bretagne figurent au premier rang les Indes Orientales. La riche et opulente compagnie qui possède ce beau pays a voulu qu'il fût dignement représenté à la grande Exhibition ; et on trouve dans l'exposition indienne des produits de toute nature, parmi lesquels on distingue particulièrement des armes de luxe, antiques et modernes, fort curieuses ; des tissus or et soie remarquables par la vivacité des couleurs ; des châles cachemire, longs et carrés, d'une grande richesse ; des harnachements soie et or, pour éléphants et pour chevaux ; des bijoux et ornements plus gros que distingués ; des poteries émaillées assez jolies ; des meubles en ébène découpés à jour ; des coffrets finement sculptés ; des petits objets en ivoire (statuettes, groupes, etc.) bien travaillés ; un lit de parade fort riche, etc. Il y a aussi des tapis et autres tissus, mais ils sont assez communs et ne semblent pas avoir été fabriqués dans un pays où l'industrie des châles est si avancée.

## JERSEY ET GUERNESEY.

Les îles de la Manche sont faiblement représentées à l'Exposition ; et je n'ai rien vu qui mérite d'être spécialement mentionné. Les principaux produits consistent en quelques petites machines, articles d'habillement, échantillons de grains et de granits, objets en coquillage, etc.

## ILES IONIENNES.

On remarque parmi les produits de ces îles quelques bijoux et des articles de soieries de la fabrique de Zante, dont les couleurs sont vives et bien agencées.

## MALTE.

Malte a envoyé des sculptures, des dentelles à fil d'or, des bijoux, des tissus de coton, des chapeaux de paille et autres produits plus curieux qu'habilement fabriqués.

## AFRIQUE MÉRIDIONALE ET OCCIDENTALE, CAP DE BONNE-ESPÉRANCE.

Les principaux envois de ces pays sont des matières premières, telles que bois de construction et de teinture, peaux d'animaux sauvages, riches fourrures, cornes gigantesques, huiles, suifs, coton, aloës, etc. On voit aussi dans le compartiment qui leur est réservé quelques étoffes de coton et d'herbes sèches, des vêtements et des armes des habitants du royaume de Dahomey.

## ILE MAURICE.

Cette île, autrefois française, est représentée par des échantillons de sucre, du riz, des légumes, des paniers de paille, des corbeilles en feuilles de cocotier, de l'huile de noix de coco, etc.

## CEYLAN.

Le café, le cacao, la muscade, la canelle, le musc, du cristal de roche, des grenats, des rubis, des améthystes et autres pierres précieuses, des cotonnades unies et teintes, de la coutellerie, des bijoux d'or et d'argent, des objets d'ornement en écaille, etc., forment les principaux envois de cette colonie.

## CANADA.

Près de 400 exposants représentent le Canada à l'Exposition universelle; et les produits de ce pays consistent en nombreux échantillons de bois, de roches, de minéraux, de céréales, de sucre, de houblon, de graines oléagineuses, de cornes et peaux d'animaux sauvages et autres matières premières et alimentaires. Il y a aussi des meubles assez grossièrement travaillés, des tissus communs, des vêtements et armes de sauvages, etc.

### GUIANE ANGLAISE.

Les matières premières et les substances alimentaires, notamment des bois, du coton, du riz, du café, des fruits, du poivre, des graines de noix vomique, de l'huile de laurier, de la gomme ou encens et autres articles composent la masse des objets exposés par cette colonie. On voit aussi dans le compartiment qui lui est affecté des massues de guerre, des arcs et des flèches empoisonnées, des pipes à fumer et des chapeaux des Indiens, des hamacs en palmier, etc.

### AUSTRALIE.

Ce pays encore peu habité renferme des mines d'or et de pierres précieuses, et paraît excessivement propre à la culture des céréales et à l'élève des bestiaux. Il est représenté à l'Exposition universelle par des échantillons d'or des rivières et d'or dans sa gangue ; par des opales, des malachites, des carbonates de cuivre, du blé, du savon, de l'huile d'olive, du suif, de la laine, etc.

### NOUVELLE ZÉLANDE.

On remarque particulièrement parmi les produits de cette colonie des minerais de cuivre et de fer, du charbon de terre, du bois pour meubles, des peaux de mouton tannées et non tannées, des tissus de lin servant à faire les vêtements des indigènes, etc.

### VAN DIEMEN.

Cette colonie est représentée par plus de 350 exposants et un nombre considérable d'objets consistant principalement en matières premières et substances alimentaires telles que bois de musc, de rose et de fer, marbres, laines, peaux de kangarou et de veau, cuirs tannés, sels, céréales, farines, houblon, miel, gomme, etc. On remarque aussi quelques meubles fabriqués avec les bois du pays, des tapis en fourrures, des livres imprimés dans la colonie.

Plusieurs autres colonies anglaises ont envoyé des produits à Londres ; mais n'étant représentées que par deux, trois ou quatre exposants et leurs envois n'ayant pas beaucoup d'importance, je me hâte de terminer ma revue de l'exposition du Royaume-Uni.

---

# FRANCE.

En entrant dans le quartier français et en considérant les merveilles qui y sont exposées, on éprouve un vif sentiment de satisfaction et d'amour-propre national. De l'avis de tous les étrangers et des Anglais eux-mêmes, c'est la France qui occupe le premier rang dans le Palais de Cristal pour tout ce qui tient à l'art, au goût, à la beauté des formes : cette supériorité est tellement évidente qu'il n'est pas étonnant que ce verdict honorable soit rendu à l'unanimité.

Je vais suivre dans ma revue rapide des principaux objets de l'exposition française le classement adopté par la Commission royale pour les produits du Royaume-Uni, en substituant au mot *classe* celui de *section*, mieux approprié à notre langue, et en simplifiant quelques titres.

## 1re SECTION.—Mines et Carrières, Produits minéraux et métallurgiques.

Les objets de cette section ne sont pas nombreux. Nos grands établissements métallurgiques n'ont rien envoyé, ce qui est fort regrettable, car ils ont laissé le champ libre à leurs rivaux des autres pays.

Parmi les produits exposés j'ai principalement remarqué les aciers de M. Baudry, d'Athis-Mons; le cuivre rouge de MM. Estivant frères, de Givet; les échantillons divers de zinc de la Vieille Montagne; les granit et serpentine de M. Colin, d'Epinal; les marbres de M. Dervillé, de Marseille; les ardoises d'Angers et de Rimogne, etc.

## 2e SECTION.—Produits chimiques et pharmaceutiques.

Cette section renferme un assez grand nombre d'articles fort intéressants, notamment le bleu d'outremer de MM. Guimet, de Lyon, et Courtial, de Grenelle (Seine); les produits chimiques de notre savant confrère M. Kuhlmann, de Lille, et ceux de M. Fouché Le Pelletier, de Javel, près Paris; le blanc de zinc de M. Sorel, de Paris; les acides et sulfates de M. Poisat oncle et Cie, de Paris.

## 3e SECTION.—Substances alimentaires.

Dans cette section, qui ne renferme pas un grand nombre d'objets, j'ai distingué :

1° Les échantillons de sucre de betterave raffiné, de M. Grar, de Valenciennes;

2° Les céréales et autres produits agricoles de M. Bazin, du Mesuil, Saint-Firmin (Oise);

3° Le blé de M. Le Pelletier, de Fondouck (Algérie);

4° Les farines de M. Darblay jeune, de Paris ;

5° Les chocolats de M. Perron, de Paris ;

6° Les conserves alimentaires de MM. Chevet et Masson, de Paris.

### 4e SECTION. — SUBSTANCES VÉGÉTALES ET ANIMALES EMPLOYÉES DANS LES MANUFACTURES ET L'ORNEMENTATION.

Cette section comprend les laines, les soies grèges et moulinées, les lins, le coton d'Algérie, des huiles de graines oléagineuses, des bois de diverses natures, etc.

Parmi ces utiles produits je dois particulièrement citer les toisons de laine de M. Graux, de Mauchamps (Aisne), qui, par des croisements intelligents, est parvenu à créer une race particulière de moutons précieux; les laines si renommées de la Bergerie nationale de Rambouillet et des troupeaux non moins connus de Naz (Ain) et de la Charmoise (Loir et Cher); les laines et les lins teillés de nos concitoyens MM. Richer, de Gouvix, et Laillier, de l'Hôtellerie; les soies grèges de MM. Camille Beauvais et de Tillancourt, et celles si remarquées du major Bronski, de Saint-Selve (Gironde), provenant d'une espèce nouvelle de vers à soie; les bois conservés et pénétrés de matières colorantes du docteur Boucherie, de Bordeaux; les cotons de l'Algérie, exposés par MM. Hardy, Pélissier, Dupré de Saint-Maur.

### 5e SECTION. — MACHINES D'UN EMPLOI DIRECT COMPRENANT LES VOITURES, LE MÉCANISME NAVAL ET DES CHEMINS DE FER.

Ce n'est pas par ses machines que la France brille à l'Exposition universelle. L'usine nationale d'Indret, les grands établissements du Creuzot et de Fourchambault et les habiles constructeurs de Paris, à l'exception de M. Cail et Cie, n'ont rien envoyé. J'aurais compris cette abstention il y a quinze ans, lorsque nous ne possédions ni les ouvriers, ni les outils nécessaires à la confection des appareils pour bateaux à vapeur, des locomotives des chemins de fer et autres moteurs puissants ; mais aujourd'hui que nous sommes bien outillés, que nous possédons des ouvriers habiles et qu'il est prouvé que nos constructions valent celles des Anglais, cette abstention est inexplicable.

M. Cail, de Paris, a eu plus de courage et plus de confiance en la bonté de la mécanique française que ses confrères, et il n'a sans doute pas le sujet de s'en repentir, car ses machines, notamment un grand appareil pour cuire le sucre dans le vide, ont obtenu un plein succès.

La carrosserie française, surtout celle de Paris, qui n'a pas de rivale pour l'élégance et la beauté des formes, n'est guère mieux représentée que le mécanisme naval et des chemins de fer : sept à huit carrossiers français seulement ont exposé. Toutefois, si nos voitures sont peu nombreuses dans le Palais de Cristal, aucune ne pique plus vivement l'attention des visiteurs qu'un riche petit coupé de M. Moussard, de Paris; une berline de voyage de M. Dumaine, de Paris; un phaëton de MM. Belvallette frères, de Boulogne-sur-Mer; un phaëton de M. Hayot, de Caen, pouvant, au moyen d'un mécanisme fort simple, se diviser en deux parties, et former un cabriolet et un tilbury.

6e SECTION. — Machines et Outils pour Manufactures.

Les machines de cette section, étant d'un transport plus facile que celles de la précédente, font bonne figure à l'Exposition; j'ai vu surtout avec intérêt une turbine de M. Fromont, de Chartres; les machines à fabriquer le chocolat de M. Hermann, de Paris; les métiers circulaires pour fabriquer la bonneterie de MM. Berthelot et Jacquin, de Troyes; les métiers à tisser les rouenneries de M. Fromage, de Darnetal, près Rouen; les cardes de MM. Miroude frères, de Rouen; la machine à écraser la canne à sucre de M. Nillus, du Hâvre; la machine à raboter le bois et à faire des moulures de M. Santreuil fils, de Fécamp; la machine à faire les clous, de M. Frey, de Belleville, près Paris; les limes de MM. Alcan et Locatelly, de Paris, etc.

7e SECTION. — Systèmes applicables a la Mécanique, au Génie civil, a l'Architecture et au Batiment.

Peu d'objets composent cette section, dans laquelle j'ai seulement remarqué la collection d'outils à forer les puits artésiens de MM. Mulot père et fils, de Paris, et les belles pompes à incendie, de M. Le Testu, de Paris.

8e SECTION.—Génie militaire et Architecture navale, Constructions, Armements, Équipement.

Le génie militaire, l'architecture et les Constructions sont très-faiblement représentées; St-Etienne et Maubeuge n'ont presque rien envoyé en armes de guerre : cette section n'est remarquable que par les armes de luxe de l'industrie parisienne, parmi lesquelles brillent au premier rang les pistolets de style gothique, les fusils et sabres damasquinés de notre concitoyen M. Moutier-Le Page; les armes richement ornées de M. Le Faucheux; les pistolets genre gothique et de la renaissance et les fusils de chasse à incrustations de M. Gauvain; les poignards et couteaux de chasse damasquinés et incrustés de M. Roucou; les fusils et les carabines de M. Devisme; les épées, sabres et autres armes blanches de luxe de M. Delacour; les canons de fusil de MM. Bernard frères, etc.

9e SECTION.—Machines et Instruments d'Agriculture.

Les instruments aratoires français ne sont nullement en rapport avec l'état d'avancement de notre agriculture, et ne peuvent soutenir la comparaison avec ceux de l'Angleterre, ni pour le mérite de l'invention, ni pour la variété des formes, ni pour l'excellence de la fabrication. Ce qui m'a paru le plus digne d'être mentionné sont les machines agricoles de MM. Vachon père et fils, de Lyon; la machine à faucher les céréales et les plantes fourragères de frère Eustate, de l'Institut des frères des écoles chrétiennes, de Lille, et les charrues de MM. Talbot frères, de Menetou-Salon (Cher).

10e SECTION.—Instruments de Mathématiques et de Physique ; Appareils divers comprenant les procédés résultant de leur emploi ; Instruments de Musique ; Horlogerie, etc.

La France est dignement représentée dans cette section, où la délicatesse de la main d'œuvre joue un grand rôle, où le fini du travail et la précision du mécanisme forment le principal mérite des objets.

A. *Instruments de Mathématique et de Physique.*—Parmi les produits de ce genre qui m'ont le plus frappé je citerai les télescopes de M. Buron, de Paris; les instruments d'optique de M. Dubosq-Soleil, de Paris ; la machine à peser les pièces de monnaie de M. Deleuil, de Paris; la règle à calculer de M. Lalanne, de Paris; les mesures métriques exposées par le ministère de l'Agriculture et du Commerce, etc.

B. *Appareils divers comprenant les procédés résultant de leur emploi.*-Ce que j'ai vu de plus notable dans cette partie sont les appareils à fabriquer les eaux gazeuses de MM. Savaresse et Ozouf, de Paris, et les lits mécaniques de M. Kissel, de Bordeaux.

C. *Instruments de Musique.*—Dans cette classe, la France occupe un rang distingué et a peu de rivaux. Ce qui lui fait le plus d'honneur sont les instruments à vent de Sax et Cie, de Paris ; le grand orgue de Ducroquet; les pianos d'Erard, de Pape et de Hertz; les flûtes de Tulou, etc.

D. *Horlogerie.*—C'est Paris qui s'est particulièrement chargé de représenter à l'Exposition universelle l'horlogerie française, et il s'est honorablement acquitté de cette tâche. On distingue principalement dans cette classe de produits : 1o les grandes horloges pour monuments publics et particuliers de M. Wagner neveu ; 2o les montres et chronomètres de MM. Le Roy et fils, Lefebvre, Rédier, etc.; on voit aussi avec intérêt les pendules astronomiques de M. Gannery, de Saint-Nicolas d'Aliermont, etc.

11e SECTION.—Cotons tissés.

La grande industrie des tissus de coton français est mal représentée à l'Exposition. Rouen, qui fabrique des articles analogues à ceux de Manchester, s'est abstenu. Mulhouse se distingue, comme toujours, par la beauté de sa fabrication, mais principalement par des toiles peintes et autres articles de luxe. Saint-Quentin et Tarare ont peu envoyé de leurs mousselines si renommées. Ce que j'ai vu de mieux dans cette section sont les toiles de coton de M. Hartmann et fils, de Munster; les mousselines et tarlatanes de M. Matagrin Stolz, de Tarare; les tissus pour pantalons de M. Dubar-Delespaul, de Roubaix; les devants de chemise de M. Duranton, de Paris.

### 12e SECTION. — ÉTOFFES DE LAINE.

Cette section, comprenant les draps, les mérinos, les flanelles, etc., est digne de remarque.

A. *Draps.* — Les draps de Sédan, d'Elbeuf et de Louviers ne craignent pas la concurrence avec ceux des autres pays, surtout les satins noirs et les draps de fantaisie pour pantalons. Peu de fabricants de ces trois villes ont pris part à l'Exhibition universelle; mais les principaux y sont représentés par de beaux produits. MM. Bertesche, Chesnon et Cie, de Sédan, ont de superbes draps de couleurs et articles nouveautés pour pantalons. M. Paul Bacot et fils, de la même ville, se distingue par ses casimirs et ses draps unis. M. Théodore Chennevière, d'Elbeuf, offre des échantillons variés de nouveautés et autres articles de bon goût. M. Poitevin et fils, de Louviers, a envoyé des draps noirs de belle qualité.

Vire est aussi représenté par des draps bleus, cuirs laine et autres articles des fabriques de MM. Adrien Le Normand et Juhel-Desmares qui font honneur à ces deux habiles manufacturiers.

B. *Mérinos.* — Les Mérinos français tiennent le premier rang dans le Palais de Cristal. On admire surtout la finesse, la variété et la beauté des couleurs de ceux de MM. Paturle-Lupin, Seydoux, Sieber et Cie, de Paris et du Cateau : rien ne peut être comparé à ces légers tissus parmi les produits similaires des autres pays.

En outre de ces objets hors ligne il est juste de mentionner honorablement les mérinos de MM. Caillet-Franqville, de Bazancourt (Marne); Robert Mathieu, de Pont-Faverger (Marne); Delfosse frères, de Roubaix, etc.

C. *Flanelles.* — Les flanelles qui m'ont paru les plus dignes d'être citées sont celles de MM. Chatelain-Féron, Mallot et Valbaune, de Rheims.

Les damas de M. Schlumberger et Cie, de Mulhouse, méritent aussi une mention spéciale.

### 13e SECTION. — SOIERIES, VELOURS, RUBANS.

Les objets de cette section font le plus grand honneur à la France et la placent bien au-dessus des autres pays pour ces genres de fabrication.

A. *Soieries façonnées et unies.* — La ville de Lyon a voulu prouver qu'elle possède réellement la première fabrique de soieries du monde. Rien de plus frais, de plus pur de dessin, de plus brillant de couleurs, de plus séduisant que ses tissus unis et façonnés, que ses brocarts, damas, velours, etc.

Bien que tous les exposants de Lyon soient dignes des plus grands éloges pour la beauté de leurs produits, je citerai néanmoins particulièrement : 1° les soieries historiques de diverses époques, constatant les progrès de la fabrication lyonnaise, exposées par M. Bert ; 2° les tableaux et portraits tissés en soie, envoyés par la Chambre de commerce ; 3° les soieries façonnées de MM. Mathevon et Bouvard ; 4° les tableaux tissés en soie et les étoffes pour robes de Mlle Carquillat, Ch. Candy et Cie ; 5° les brocarts pour ameublement et ornements d'église de MM. Lemire père et fils ; 6° les cravates de soie brochée de MM. Martel, Geoffroy et Valansot ; 7° les damas et brocatelles de MM. Bouvard et Lançon ; 8° les soieries unies, les taffetas et les satins de M. Bonnet et Cie ; 9° les étoffes pour gilets et robes et autres soieries nouveautés de M. A. Donat ; 10° les foulards imprimés de MM. Meurer et Jandin ; 11° les crêpes de MM. Montessuy et Chomer.

B. *Velours.*—C'est encore Lyon qui l'emporte hardiment pour la fabrication des velours de soie. On remarque principalement les cases de MM. Répiquet et Silvent, Balleidier, Brosse et Cie, Girard et Cie.

C. *Rubans de soie.*—Saint-Etienne a peu de représentants de sa riche fabrique de rubans ; mais les objets envoyés par cette ville soutiennent dignement la réputation méritée qu'elle s'est acquise dans les deux hémisphères.

Les fabricants de rubans de Saint-Etienne qui figurent au premier rang dans le Palais de Cristal, sont MM. Vignat frères, Faure et Cie, Colliard et Comte, Buisson aîné et Cie, Larcher, Couchoud, etc.

### 14e SECTION. — Tissus de lin et de chanvre.

Les objets de cette classe sont peu nombreux et n'offrent pas autant d'intérêt que ceux des deux précédentes. Cependant on voit avec plaisir le linge de table damassé de MM. Grassot et Cie, de Lyon ; les batistes et linons de MM. Mestivier et Hamoir, de Valenciennes, Scrive frères et Danset, de Lille ; le coutil fin pour corsets, de M. Taillandier, d'Evreux ; les toiles à voiles de MM. Morlié-Lefebvre, d'Ingouville, Chirot, de Nantes, et Malo, Dickson et Cie, de Coudekerque-Branche (Nord).

### 15e SECTION.—Tissus mélangés, comprenant les chales.

L'industrie des châles, si nouvelle en France, a pris une immense extension et occupe un grand nombre de bras à Paris, à Lyon et à Nîmes. La première de ces villes a le monopole de la fabrication des châles riches en duvet de cachemire pur, à l'instar de ceux des Indes, qu'ils imitent pour la finesse du tissu et surpassent peut-être pour la beauté du dessin et la richesse des couleurs.

Les fabricants de châles de Paris dont les maisons jouissent d'une réputation hors ligne ont tenu à honneur de figurer au premier rang à l'Exposition universelle. Parmi eux se distinguent principalement : M. Hébert, l'un des fondateurs de cette précieuse industrie et qui est resté fidèle au genre de l'Inde, qu'il a toujours exploité avec conscience ; MM. Deneirouse, Boisglavy et Cie, dont les produits sont si estimés ; MM. Maxime Gaussen et Cie, Gaussen jeune, Fargeton et Cie, Duché aîné, tous fort connus pour l'excellence de leurs produits ; MM. Boas frères, entrés plus nouvellement dans la carrière et qui se sont élevés au niveau de leurs confrères les plus renommés; MM. Biétry père et fils, qui combattent depuis plusieurs années contre les marchands de châles de mauvaise foi, etc.

Lyon se livre avec succès à la fabrication du châle indou-cachemire et du châle indou-laine, beaucoup moins riches que le cachemire pur, mais dont les prix sont bien inférieurs, et qui conséquemment sont accessibles à un plus grand nombre de bourses. Cette fabrication n'est guère représentée à l'Exposition que par la maison Grillet aîné et Cie, qui jouit d'une réputation méritée, et par M. Damiron et Cie.

J'ai constaté avec peine l'absence dans le Palais de Cristal des châles Thibet, fabriqués à Nîmes, avec des matières mélangées de laine et de bourre de soie, et qui sont d'un extrême bon marché, eu égard à leur bonne confection.

Au nombre des tissus de cette section je dois encore mentionner avantageusement : 1° les baréges de MM. Depouilly frères, Boivaux et Cie, de Paris ; 2° les châles imprimés de M. Léon Godefroy, de Puteaux ; 3° les tissus pour gilets de M. Debuchy, de Lille.

### 16e SECTION. — CUIRS, COMPRENANT LA SELLERIE, LES HARNAIS ET LES PEAUX.

Cette classe renferme bon nombre de produits de mérite, notamment les veaux vernis de M. Houette et Cie, de Paris ; les peaux de bœuf, dites mastodontoïdes, de M. Dupart, de Paris; les maroquins de MM. David, de Paris, Bayvet, Giraud frères et ceux de MM. Emmerich et Gorger fils, de Strasbourg.

### 17e SECTION.—PAPIER, IMPRIMERIE, RELIURE.

Les objets de cette section ne sont pas aussi nombreux qu'ils pourraient l'être, mais la plupart sont dignes d'attention ; et la qualité supplée à la quantité.

A. *Papeterie.*—Les papiers français ne le cèdent à aucun de ceux des autres pays pour la bonne confection. Les papiers blancs, depuis le papier pour plans et dessins jusqu'au papier glacé à lettres, est net, pur, homogène; les papiers de couleur, dont il se fait une si grande consommation pour les fleurs artificielles, affiches et autres usages, sont bien teintés. On remarque surtout les papiers blancs des fabriques de MM. Montgolfier, d'Annonay (Ardèche), Lacroix frères, d'Angoulême, Doumerc, de Sainte-Marie (Seine-et-Marne); les papiers de couleur de MM. Obry fils, Jules Bernard et Cie, de Paris, Gratiot, d'Essonne; la papeterie de luxe de M. Marion, de Paris, et le papier porcelaine de M. Bondon, de Paris.

B. *Imprimerie.*—La typographie française n'a rien à envier à celle des autres pays, tant sous le rapport de la beauté des caractères que sous celui de leur mise en œuvre : nous excellons surtout pour l'élégance des titres et tout ce qui tient à l'art et au bon goût.

Comme variété de caractères, d'impression en plusieurs langues et netteté de tirage, les spécimens envoyés par l'Imprimerie nationale doivent être placés au premier rang.

M. Silbermann, imprimeur à Strasbourg, est un des plus habiles typographes de notre époque : il a fait faire à cet art de véritables progrès, surtout à la typographie polychrôme. On voit dans sa case des épreuves de chromotypographie d'une beauté remarquable, tirées au moyen de la presse ordinaire, par un procédé de son invention : toutes les couleurs sont parfaitement venues, bien qu'elles soient fort variées et très-nombreuses. C'est une découverte qui permettra de vendre à bas prix les livres illustrés, si recherchés depuis quelques années.

M. Paul Dupont, de Paris, doit être également cité au premier rang parmi nos plus habiles typographes. Il a trouvé le moyen de reproduire, par le décalquage sur la pierre lithographique et le report sur la presse ordinaire, d'anciennes impressions, et il peut ainsi remplacer des pages manquantes de livres rares et précieux dont il existe ailleurs des exemplaires complets.

M. Desrosiers, de Moulins, mérite aussi d'être rangé dans le nombre des imprimeurs qui soutiennent dignement la réputation de la typographie française. L'*Ancien Bourbonnais* et l'*Ancienne Auvergne*, qui sortent de ses presses, attestent un talent distingué en ce qui concerne surtout l'impression en couleurs.

Je dois encore mentionner MM. Firmin Didot frères, dont le talent est héréditaire dans leur famille ; Mame, de Tours, pour ses ouvrages religieux et d'instruction à bon marché, etc.

C. *Lithographie.*—Comme netteté de dessin et beauté de tirage, les spécimens de lithographie française exposés dans le Palais de Cristal ne craignent pas la concurrence des produits similaires des autres pays. MM. Lemercier, Kœpplin, Engelmann et Graff, de Paris, et Simon, de Strasbourg, soutiennent dignement la réputation dont jouit cet art depuis longtemps.

D. *Cartes géographiques*.—Les exemplaires de la carte du dépôt de la guerre, des cartes hydrographiques des côtes de France et de la grande carte géologique dressée par les ingénieurs des mines, envoyées par les ministres de la Guerre, de la Marine et des Travaux publics, sont certainement ce qu'il y a de plus parfait en ce genre à l'Exposition. Il convient de citer en outre les plans et cartes exposés par M. Collin, et le double planisphère ou carte nautique de M. Keller, de Paris.

E. *Reliure*.—Les échantillons de reliure exposés par la France sont fort beaux et très-remarqués, notamment ceux de MM. Simier et Niédrée et de Mme Gruel, de Paris.

## 18e SECTION. —Étoffes tissées et feutrées, teintes et imprimées.

C'est encore dans l'impression des tissus légers que la France a une supériorité marquée à l'Exposition universelle. L'Alsace et Paris, l'une qui a depuis longtemps sa réputation faite et l'autre qui est entré plus récemment dans la lice, ont exposé des objets ravissants.

A la tête de cette brillante industrie des tissus imprimés sont : Pour l'Alsace, MM. Dolfus, Mieg et Cie, de Mulhouse; Gros, Odier, Roman et Cie, de Wesserling; Hartmann et fils, de Munster; Schwartz et Huguenin, Kœcklin frères, de Mulhouse; Schlumberger et Cie, de Thann; pour Paris, MM. Japuis et fils, de Claye; Léon Godefroy, de Puteaux; Delamorinière-Gouin et Michelet, Depouilly, Chocqueel, Grolleau et Deville, etc.

On distingue aussi les superbes échantillons de mérinos teints par M. Veissière, de Puteaux.

## 19e SECTION. — Tapis, Tapisserie, Moquettes, Dentelles, Broderies.

Cette section est fort riche et contribue à donner à la France la supériorité sur les autres États que tous les connaisseurs lui accordent.

A. *Tapis*. — Les merveilleux travaux des manufactures nationales des Gobelins et de Beauvais sont tout à fait supérieurs à tout ce que les autres pays ont exposé de plus remarquable. On admire surtout les tableaux d'après Horace Vernet, Couder et Alaux; les tapis veloutés des Gobelins; les fauteuils et écrans style Louis XIV, et les tableaux de fleurs et de fruits de Beauvais.

Après les produits des manufactures nationales on voit encore avec un véritable plaisir :

1o Un magnifique tapis de salon sortant des ateliers de MM. Réquillart, Roussel et Choqueel, de Turcoing, et représentant le *Jardin des Amazones*;

2° Un grand tapis d'Aubusson exposé par M. Sallandrouze de Lamornaix, décoré, au centre, d'un écusson aux armes d'Angleterre et, aux angles et dans les bordures, des attributs des Sciences et des Arts et des armes des grandes villes manufacturières des deux côtés de la Manche ;

3° Les portières de M. Castel, d'Aubusson ;

4° Les tapis de MM. Flaissier frères, de Nîmes ;

5° Les portières et dessus de table de M. Mourceau, de Paris.

B. *Dentelles.* — Si la France ne tient pas le premier rang à Hyde-Park pour les dentelles, elle y occupe au moins une des places d'honneur ; et si elle est surpassée par quelque nation, c'est seulement par la Belgique.

Les fabricants de dentelles de France se sont entendus pour faire construire une grande montre divisée en compartiments fermés de vitrines à coulisses où chaque exposant a ses produits renfermés séparément. M. Auguste Lefébure occupe au centre de ce grand meuble la place que lui assigne l'importance de sa maison et la beauté et le nombre des objets qu'il a soumis à l'examen du jury et du public. Les cases voisines de celle de M. Lefébure contiennent les objets de MM. Adolphe Pagny, de Bayeux, et Videcoq et Simon, de Paris.

Les dentelles et blondes de Bayeux ne sont éclipsées par aucun produit similaire des autres lieux de France, et on peut même dire hardiment qu'elles tiennent le premier rang. Le plus grand et le plus bel objet en dentelle de fil est le superbe dessus de lit de M. Lefébure, que nous avions déjà vu avant son envoi à Londres ; et les plus élégants et les plus parfaits articles de blondes noires, tant sous le rapport du dessin que sous celui de la confection, sont le châle pointe de M. Lefébure et la toilette commandée à M. Pagny par Mme la duchesse de Somerset.

M. Randon, de Paris, a exposé quelques articles de blondes de Caen, qui ne sont pas sans mérite.

MM. Aubry frères, de Paris, ont dans leurs cases des blondes de Chantilly assez remarquables, mais qui sont inférieures à celles de Bayeux.

Le point d'Alençon est dignement représenté par M. Lefébure et MM. Videcoq et Simon ; ces derniers surtout ont des articles admirables sous le rapport du dessin et de l'exécution.

Je n'ai vu aucune dentelle du Puy qui mérite d'être particulièrement citée.

Dieppe et Nancy n'ont, à ma connaissance, rien envoyé.

C. *Broderies.*—Les broderies françaises sont peu nombreuses à l'Exposition universelle. Saint-Quentin et Tarare se sont presque absolument abstenus ; il n'y a que quelques objets spéciaux d'un travail délicat tels que les belles broderies sur tulle et sur mousseline de M. Berr et Cie, de Paris, les charmantes broderies en relief de fleurs, feuilles, fruits, guipures et autres articles de toilette de Mme Hubert, de Mondeville, près Caen, genre tout nouveau créé par elle ; les jolies broderies en relief et à fleurs rares de M. Debbeld, Pellerin et Cie, de Nancy ; les rideaux de fenêtre de M. A. Daudville, de Saint-Quentin ; les mousselines brodées, tarlatanes, etc., de MM. Férouelle et Rolland, de Saint-Quentin et Tarare.

### 20e SECTION.—Objets d'Habillement et d'usage immédiat.

Le nombre des exposants de cette section n'est pas considérable ; mais quelques-uns d'entre eux ont présenté de jolis objets, parmi lesquels je citerai les chapeaux de MM. Chenard frères, de Paris, et de Mme Baton veuve et fils, de Lyon ; les cols et cravates de M. Hayem aîné, de Paris ; les chemises de MM. Doucet et Duclerc, de Paris ; les gants de MM. Jouvin et Doyen, de Paris ; les burnous et autres vêtements arabes exposés par plusieurs tribus de l'Algérie.

### 21e SECTION.-Instruments de Chirurgie, Coutellerie et Taillanderie.

Il y a peu d'exposants d'objets appartenant à cette classe ; mais la plupart de ces objets ont un rare mérite.

A. *Instruments de Chirurgie.*—Parmi les fabricants de ces instruments brille au premier rang M. Charrière, de Paris, qui a donné à ses produits un caractère de finesse et d'élégance vraiment artistique : sa réputation est européenne. MM. Luer, Mathieu et Burat frères, de Paris, se distinguent aussi dans cette précieuse industrie par la bonne exécution des articles qui sortent de leurs ateliers.

B. *Coutellerie.*—La coutellerie française n'est guère représentée à l'Exposition universelle que par des objets de luxe de l'industrie parisienne. Langres et Nogent n'ont presque rien envoyé ; Thiers et Châtellerault se sont complétement abstenus.

La coutellerie de luxe de Paris m'a paru supérieure pour la beauté des formes, l'élégance des ornements et le brillant du poli à celles de toutes les autres nations. J'ai principalement distingué les objets exposés par MM. Picault, Lanne et Guerre.

C. *Taillanderie.*—Il n'y a presque rien en taillanderie française à l'Exposition. Ce que j'ai vu de plus notable sont les faux et les limes de M. Talabot et Cie, de Toulouse.

### 22e SECTION.—Quincaillerie comprenant la Serrurerie et les Grilles de cheminée.

Sans être fort brillante, cette section comprend un certain nombre d'objets dignes d'être mentionnés, notamment la quincaillerie de MM. Couleaux aîné, de Molsheim, et Golbenberg et Cie, de Zorhaff (Bas-Rhin); la serrurerie de luxe de M. Cugnot, de Paris; les coffres forts de M. Verstaen, de Paris; les ornements en fonte de MM. Martin et Véry frères, de Paris; les calorifères en fonte et cuivre et les cheminées de M. Laury, de Paris.

23e SECTION.—OUVRAGES EN MÉTAUX PRÉCIEUX, JOAILLERIE, BIJOUTERIE, BRONZES.

Bien que quelques-unes de nos grandes maisons de Paris n'aient pas exposé ou n'aient présenté que des objets de vente courante, la France l'emporte sur les autres nations pour tout ce qui concerne la riche industrie des métaux précieux et des bronzes.

A. *Orfévrerie.*—L'orfévrerie française brille dans le Palais de Cristal, non par la masse de ses produits, mais par la distinction des formes, la beauté du travail et l'élégance des ornements.

M. Odiot, dont la maison est connue dans l'Univers entier, s'est décidé tard à prendre part à la grande Exhibition des produits de toutes les nations, et il a présenté seulement une petite statue équestre de Napoléon, en argent, d'un travail de ciselure remarquable, des services de table de différents styles et quelques autres objets de prix.

M. Froment-Meurice, plus particulièrement connu pour la grâce et l'élégance de son orfévrerie d'art, a exposé plusieurs objets qui lui font infiniment d'honneur, notamment la toilette de Mme la duchesse de Parme, dont le fini de la ciselure égale la pureté du dessin. On admire principalement les coffrets à bijoux, de style gothique, les peintures sur émail et les nielles de la table et de la glace. Cet habile orfèvre s'est également distingué par un milieu de table en argent oxydé.

M. Rudolphi est principalement connu, comme M. Froment-Meurice, pour la beauté de son orfévrerie d'art. On remarque dans sa case de charmants petits objets de fantaisie émaillés et niellés, et une coupe en agate, montée en argent oxydé, ornée de pampres et de raisins et de statuettes d'enfants.

MM. Marrel frères ont exposé de ravissants petits nécessaires de toilette, un grand vase doré, oxydé et décoré de sculptures, représentant le combat des Amazones, d'après Rubens, un couteau de chasse, un poignard et d'autres objets curieux.

M. Gueyton occupe aussi une place honorable dans l'orfévrerie d'art. Ses statuettes, ses coupes, ses armes et une infinité de petits articles de fantaisie offrent le plus vif intérêt.

Je mentionnerai encore parmi les objets d'orfévrerie dignes d'éloges la fontaine à thé de M. Durand et les services de table et de thé de M. Charles

Christofle et Cie, dorés et argentés par le procédé Ruoltz et Elkington.

B. *Joaillerie et Bijouterie.*—La Joaillerie et la Bijouterie de Paris jouissent d'une réputation hors ligne à l'Exposition universelle pour leur grâce et leur élégance. M. Lemonnier a exposé deux parures pour la reine d'Espagne, l'une en émeraudes et l'autre en saphirs, d'un travail et d'un goût exquis : il n'y a rien de plus gracieux en ce genre dans le Palais de Cristal. On remarque encore avec un véritable plaisir dans la case de M. Lemonnier une épée enrichie de pierreries et une magnifique broche en diamants et grenats.

M. Rouvenat marche sur la même ligne ou suit de près M. Lemonnier. Les riches et nombreux objets composant son exposition excitent à juste titre l'attention publique, notamment ses parures en brillants et ses épées richement ornées.

Comme objets de bijouterie fausse je citerai favorablement :

1° Les imitations de diamants, de pierres précieuses et de perles fines de MM. Savary et Mosbach ;

2° Les parures et pièces de bijouterie fausse de M. Pichard ;

3° Les camées de M. Dafrique.

C. *Bronzes.* — L'industrie des bronzes d'art et d'ameublement est une de celles qui honorent le plus la France ; elle n'a pas de rivales dans le monde ; elle occupe un grand nombre d'habiles ouvriers et est l'objet d'un commerce annuel de 25 à 30 millions.

Quoique M. Denière, dont la maison tient le premier rang dans l'industrie des bronzes, n'ait pas exposé, et que M. Thomire, qui a obtenu la médaille d'or à l'exposition nationale de 1844, se soit abstenu, la France est encore à la tête de cette industrie dans le palais de Hyde-Park.

M. Barbedienne se distingue par de belles réductions des chefs-d'œuvre de la statuaire antique et moderne, et par une bibliothèque en ébène avec ornements en bronze d'un beau travail ; les panneaux des portes sont des réductions des portes si renommées du Baptistère de Florence, par Ghiberti ; les figures de la base et de la frise ont été modelées par Clesinger.

MM. Susse frères ont de charmantes statuettes, de jolis groupes et autres objets d'art et de fantaisie.

Les bronzes d'ameublement ont pour représentants MM. Matifat, Vittoz, Paillard, Lerolle frères, Poussielgue, Villemsens, Levi frères, et plusieurs autres. Les objets exposés par eux sont fort remarquables, mais je m'abstiendrai de les énumérer, car les détails dans lesquels je serais obligé d'entrer m'entraîneraient trop loin.

Je dois encore mentionner avantageusement, comme appartenant à l'industrie des bronzes d'ameublement, les lampes de MM. Gagneau et Truc.

## 24e SECTION. — Verrerie.

La verrerie française est faiblement représentée à l'Exposition universelle; les grandes cristalleries de Baccarat et de St.-Louis se sont abstenues, et les riches manufactures de glaces de Saint-Gobain, Saint-Quirin et Cirey ne se sont décidées que fort tard à envoyer de leurs produits à Londres.

Au nombre des principaux objets de cette section je citerai :

1° Les glaces de Saint-Gobin (Aisne), de Saint-Quirin (Meurthe), et celles de la manufacture de Montluçon (Allier);

2° Les cristaux blancs et colorés, genre Bohême, de M. Maës, de Clichy la Garenne;

3° Les cloches et bouteilles de MM. Deviolaine frères, de Vauxrot (Aisne);

4° Les verres à vitres de M. Robichon et Cie, de Givors (Rhône).

## 25e SECTION.—Produits céramiques.

La céramique française jouit d'une haute réputation dans les deux hémisphères; et quoique plusieurs grands établissements n'aient rien exposé, elle fait bonne figure dans le Palais de Cristal.

A. *Porcelaine.*—La manufacture nationale de Sèvres est la première du monde, tant pour la grandeur que pour la forme des vases et la beauté des peintures dont ils sont décorés. Si quelques doutes à cet égard eussent pu exister à l'Etranger, l'Exposition universelle les aurait bien vite dissipés; en effet, les produits de Sèvres sont tellement hors ligne qu'il n'y a pas de discussion possible.

Les objets exposés par Sèvres consistent principalement en tableaux, vases d'art, services à thé et à café, émaux et coupes émaillées, etc., parmi lesquels on distingue les vases en biscuit décorés d'admirables bas-reliefs.

Les bons exemples donnés par la manufacture de Sèvres et les excellents ouvriers qui s'y forment se révèlent dans l'industrie porcelainière de Paris. Les vases exposés par MM. Lahoche, Mayer et Cie, Jouhanneaud et Dubois, Honoré, Gille, Boyer prouvent cette assertion.

Limoges, dont la porcelaine est si blanche, si fine et à si bon marché, soutient la réputation qu'elle s'est acquise depuis longtemps.

En tête des fabricants de porcelaine de Limoges figure M. Alluaud aîné, dont les produits s'exportent dans toute l'Europe et en Amérique.

M. Bapterosse, de Paris, a une très-belle exposition de boutons de portes en porcelaine.

B. *Porcelaine tendre, Faïence.*—Les grandes manufactures de Creil et de Montereau n'ont rien exposé, ce qui a laissé un vide notable dans cette partie de notre production nationale.

M. de Bettignies, de Saint-Amand les Eaux (Nord), a de jolis articles en porcelaine opaque, entre autres des vases genre Louis XV, décorés de peintures et de bronzes dorés.

M. Dutremblay, de Paris, a exposé des faïences ornées qui ont du mérite.

C. *Poterie de Grès*. - Comme poterie de grès, j'ai principalement remarqué :

1° Les objets de fantaisie ornés de bas-reliefs de la manufacture de Voisinlieu, près Beauvais ;

2° Les plats et assiettes genre Bernard Palissy, de M. Avisseau, de Tours;

3° Les vases de MM. Le Coq et Rieder, de Billom (Puy-de-Dôme), en kaolin rosé, d'un aspect fort agréable.

### 26e SECTION.—Meubles, Ameublement, Papier de tenture.

Cette section est une des plus remarquables de l'Exposition française, et la plupart des objets qui la composent ne craignent pas la comparaison avec ceux des autres pays.

A. *Meubles*.—L'ébénisterie parisienne, qui occupe 40 à 50,000 ouvriers, est la première du monde, et s'exporte dans tous les pays. Elle a une supériorité marquée dans le Palais de Cristal, bien qu'elle soit loin, à mon avis, d'y être aussi bien représentée qu'elle l'était à l'exposition nationale de 1844, surtout en meubles genre Boule et dans les styles Louis XV et Reisner.

Parmi les objets hors ligne qui fixent particulièrement l'attention, je dois citer un grand buffet en noyer sculpé, exposé par M. Fourdinois. Ce buffet n'appartient à aucun genre proprement dit. L'ensemble se rapproche du style de la renaissance ; mais les sculptures sont tout à fait originales. La partie inférieure se compose d'un socle et de quatre chiens de chasse enchaînés ; ces chiens sont assis et supportent avec leurs têtes un entablement sur lequel repose le corps principal du meuble, qui est décoré de quatre superbes statuettes (l'Europe, l'Asie, l'Afrique et l'Amérique), de jolis bouquets de fleurs et de fruits, d'un beau trophée de chasse et de médaillons richement ornés. Au milieu du fronton se trouve une belle figure de l'*Abondance* assise tenant dans ses mains des cornes renversées d'où sortent des fruits, et ayant à sa droite et à sa gauche de charmants groupes d'enfants nus, les uns au milieu de ceps de vignes et les autres dans des blés. Toutes les sculptures sont d'une finesse et d'une exécution admirables.

Après le buffet de M. Fourdinois, les meubles qui m'ont le plus intéressé sont : 1° une armoire-médailler en bois d'ébène et de poirier, décorée de jolies statuettes et d'incrustations en pierres fines, sortant des ateliers de M. Ringuet-Leprince ; 2° la bibliothèque en palissandre, genre renaissance, de l'Association des ouvriers ébénistes représentée par M. Cordonnier; 3° le dressoir-musée et la bibliothèque en chêne sculpté de M. Krieger ; 4° les meubles genre Boule de M. Bellangé; 5° le dressoir renaissance de M. E. Durand; 6° les petits coffrets, nécessaires, boîtes et autres articles de M. Tahan.

B. *Ameublement.*—Les objets d'ameublement français tiennent un rang distingué dans le Palais de Hyde-Park, notamment les lits en fer, genre renaissance, de M. Gandillot, et ceux de même métal de MM. Dupont et Léonard, de Paris; les fauteuils et chaises, style Louis XV, de M. Janselme; les billards de MM. Bouhardet et Sauraux; les stores de M. Bach-Pérès, de Paris ; la cheminée garnie de glaces de M. Luce, de Versailles.

C. *Papier de tenture.*—Nos papiers peints ont une supériorité marquée, surtout ceux de MM. Delicourt et Mader, de Paris, et J. Zuber et C^ie^, de Rixheim (Haut-Rhin).

27e SECTION. — SUBSTANCES MINÉRALES MANUFACTURÉES EMPLOYÉES DANS LE BATIMENT ET LE DÉCOR.

Peu d'exposants ont concouru pour enrichir cette section qui ne renferme qu'un petit nombre d'objets, parmi lesquels je citerai comme dignes d'éloges :

1° Une fontaine en fonte de fer et divers objets d'ornement en fonte, exposés par M. André, du Val d'Osne (Haute-Marne) ;

2° Les cheminées sculptées de MM. Desauges, Dupuis, Marga, de Paris, et Virebent frères, de Toulouse ;

3° Les ornements en terre cuite, de M. Garnaud, de Paris ;

4° Le ciment imitant l'acier poli de M. Mazarin.

28e SECTION. — SUBSTANCES VÉGÉTALES ET MINÉRALES MANUFACTURÉES, MAIS NON TISSÉES ET FEUTRÉES.

Cette section ne comprend que quelques articles, et aucun ne frappe particulièrement la vue. Je citerai néanmoins comme ayant attiré mon attention les peignes en écaille de MM. Philippi et Trancart, de Paris; les instruments de chirurgie en *Gutta-Percha* de M. Cabirol; les articles en caoutchouc de MM. Grossmann et Wagner.

29e SECTION. — PRODUITS DIVERS ET PETITS OBJETS.

Dans cette section sont rangés une quantité d'objets de luxe dont quelques-uns, appartenant à l'industrie parisienne, sont charmants. J'ai principalement noté :

1° Les fleurs artificielles de MM. Constantin et Tilman ;

2° Les éventails de MM. Duvelleroy et Alexandre;

3° Les coiffures en perles et les statuettes montées sur perles de M. Valès-Constant ;

4° Les plumes pour parures, les broderies en or, argent et perles de MM. Perrot, Petit et Cie ;

5° Les poupées de M. Jumeau ;

6° Les nécessaires de MM. Audot et Laurent.

## 30e SECTION. — Beaux-Arts.

Cette section aurait été plus importante si les artistes français, comme ceux d'autres pays, avaient pris une part active à l'Exposition universelle; mais quelques-uns de nos sculpteurs seulement y sont représentés, et peu de nos graveurs y figurent.

A. *Sculptures, Modèles et Plastique.* — Quoique la plupart de nos sculpteurs renommés se soient abstenus, il y a dans le palais de Hyde-Park plusieurs œuvres de mérite venant de France.

M. Pradier a envoyé sa *Phryné*, qui a obtenu un grand succès de ce côté-ci de la Manche, deux autres statues et un groupe en bronze.

M. Clésinger a présenté sa *Bacchante*, statue de marbre qui a obtenu le premier prix de sculpture au Salon de 1848.

M. Etex a des groupes et des bas-reliefs en marbre et en plâtre qui ont du mérite, entre autres la *Famille de Caïn*, *le Choléra* et *les Médicis*.

M. Du Seigneur se distingue par un groupe colossal en plâtre, représentant *Saint Michel vainqueur de Satan*.

M. Liénard, habile sculpteur sur bois, a exposé une superbe pendule en noyer sculpté, figurant une *Chasse au Sanglier*.

On remarque encore avec intérêt le *Faune dansant*, de M. Le Quesne; l'*Enfant pèlerin*, de M. Debay ; l'*Amour coupant ses aîles*, de M. Bonnassieux; *Céphale et Procris*, de M. Ramus, etc.

MM. Hardouin et Garnaud ont de bons objets en sculpture plastique.

B. *Dessins et Gravures.*— Les principaux dessins qui figurent à l'Exposition universelle sont : 1° des dessins industriels parmi lesquels on distingue ceux de MM. Galimard, pour vitraux ; Couder et Berrus frères, pour châles; Armengaud, pour machines, instruments, etc.; Braun, pour rubans; Chebeaux, pour tissus divers; 2° des dessins photographiques qui offrent de l'intérêt, notamment les daguerréotypes coloriés de M. Gouin et les portraits coloriés de M. Maucomble, l'un et l'autre de Paris, et les talbotypes de MM. Bayard, de Batignolles, Flacheron-Hayard et Martens, de Paris.

Comme spécimens de gravure je dois mentionner avec éloges des planches du grand ouvrage de M. de Bastard sur les anciennes peintures et enluminures, et les échantillons de billets de banque, cartes à jouer, timbres et autres objets exposés par M. Hulot, graveur général-adjoint de l'hôtel des Monnaies.

C. *Peinture sur verre et sur porcelaine, Emaux, Mosaïque.*—Cette classe fait honneur à la France, non par le nombre, mais par la beauté et le mérite des objets qui la composent, notamment les vitraux et les peintures sur porcelaine.

Les vitraux qui m'ont paru les plus dignes d'être cités avantageusement sont ceux de MM. Maréchal, de Metz, Lusson et Gérente, de Paris, Thévenot et Thibault, de Clermont-Ferrand.

M. Diéterle et Mme Turgan, de Paris, méritent des applaudissements pour leurs excellentes peintures sur porcelaine. Il est juste aussi de citer une *Sainte Famille*, peinte sur lave par M. Devers.

Parmi les émaux et mosaïques, qui sont en petit nombre, j'ai remarqué :

1° Les émaux de la manufacture nationale de Sèvres ;

2° Les émaux de M. Sturm, de Paris ;

3° Un petit coffret en émail de M. Hamon ;

4° Les tables et autres objets en mosaïque, de MM. Marcelin et Bossi, de Paris, et Chrétien, d'Amiens ;

5° Les camées de M. Degand ;

6° Les mosaïques florentines en pierres fines de M. Théret, de Paris ;

7° Les incrustations en ivoire et écaille de M. Blank, de Paris.

## ALGÉRIE.

Les envois de l'Algérie prouvent que ce pays, qui a tant coûté à la France, est susceptible de produire non-seulement des céréales, mais une quantité de matières que nous tirons de l'Amérique et de l'Asie, notamment le coton. J'ai vu avec beaucoup d'intérêt :

1° Les échantillons de coton, de soie grège, de cochenille, d'opium, de cannes de bambou, etc. envoyés par M. Hardy, directeur de la pépinière de Hamma, près d'Alger ;

2° Les nombreux objets exposés par M. Edmond Bouvy, délégué du ministre de la Guerre, tels que cotons filés, soies, laines, tapis, couvertures, manteaux, articles d'orfévrerie, papier fabriqué avec de l'écorce d'aloès et de bananier d'Algérie, etc. ;

3° Des burnous et autres vêtements de laine dus à l'industrie de diverses tribus d'Arabes ;

4° Des spécimens de corail provenant des pêcheries de la Calle ;

5° Des minerais de fer et de cuivre, des céréales, de l'huile d'olive, du tabac de plusieurs sortes, des plantes tinctoriales et autres produits envoyés tant par les services administratifs de l'Algérie que par des compagnies industrielles et des particuliers.

# BELGIQUE.

La Belgique tient, eu égard à son étendue, une place extrêmement honorable dans le Palais de Cristal. La plupart de ses industriels et de ses artistes ont concouru à donner à son exposition de la valeur et de l'éclat.

Je désirerais pouvoir entrer dans des détails circonstanciés sur les produits de la Belgique, qui sont fort remarquables ; mais la Grande-Bretagne et la France ont exigé des développements en rapport avec l'importance de leurs produits, et, pour ne pas donner à ce rapport trop d'étendue, je suis obligé de passer rapidement sur les expositions des autres états.

Pour résumer en quelques pages ce qui concerne la Belgique, je diviserai ses produits en quatre grandes sections.

## 1re SECTION.—Matières premières.—Produits minéralogiques, métallurgiques et chimiques.—Substances alimentaires, etc.

Les produits de cette section sont nombreux et dignes de fixer l'attention.

1° *Matières premières.*—Dans cette classe il convient de mentionner les lins, les chanvres et les laines des Flandres orientale et occidentale, qui sont fort renommés, surtout les lins.

2° *Produits minéralogiques et métallurgiques.*—La Belgique est riche en minéraux, surtout dans les provinces de Liége, du Hainault et de Namur. En première ligne je dois citer les produits des mines de zinc de la Vieille Montagne ; les fontes et les fers de l'usine de Seraing ; les spécimens de galène, de blende et de plomb présentés par la compagnie des mines de Bleyberg ; les tôles et fers forgés et laminés de M. Orban et fils, de Liége ; les nombreux échantillons de charbon de terre exposés par les compagnies de charbonnage de Pont de Loup, de Boubier et de Châtelineau.

3° *Substances alimentaires.*—Il existe peu de pays où l'agriculture soit aussi avancée qu'en Belgique. Là, on cultive non-seulement les céréales, mais les graines oléagineuses, le tabac, le houblon et autres plantes industrielles. J'ai principalement distingué dans le Palais de Cristal : les céréales de M. de Mertens, d'Ostin, province de Namur ; les sucres de diverses espèces de MM. Claus et Caron, de Gand ; les tabacs de MM. Lahousse, de Wervicq, et Verschaeve, d'Ypres, etc.

## 2e SECTION. — Machines.

Les machines belges figurent sans trop de désavantage à côté de celles de la France et de la Grande-Bretagne. L'importante usine de Seraing, près de Liége, dirigée avec une haute intelligence par M. John Cockerill, est fort connue en Europe pour la bonne confection de ses appareils à vapeur à l'usage de la navigation et des chemins de fer. La carrosserie de Bruxelles est justement renommée. Les instruments aratoires perfectionnés sont d'un usage presque général dans le pays ; et, ceux qui figurent à l'Exposition, sont bien établis.

Parmi les machines de la Belgique qui ont le plus fixé mon attention je signalerai :

1° Les appareils pour bateaux à vapeur et les locomotives de l'usine de Seraing ;

2° Les voitures de MM. Jones frères, de Bruxelles ;

3° Les machines à filer exposées par la Société du Phénix, de Gand ;

4° La machine à mouler les briques de M. Kessels, de Bruxelles ;

5° Les instruments aratoires de M. Claes, de Lembecq (Brabant), etc.

Je dois spécialement mentionner dans cette section les armes de Liége. Les fabricants de cette ville industrieuse et intelligente n'ont pas fait comme ceux de Saint-Etienne ; ils sont tous représentés à l'Exposition par des produits nombreux et bien exécutés, parmi lesquels brillent au premier rang les canons et mortiers de la fonderie royale ; les fusils, carabines, pistolets et autres armes de guerre de M. Ancion et C^ie ; les armes de chasse et de luxe de MM. Lepage et Tourey, etc.

### 3e SECTION. — Produits manufacturés.

A. *Tissus de coton, de lin, de laine et de soie.* — La Belgique se distingue principalement par ses belles toiles de lin de Flandres, qui sont d'une finesse et d'une blancheur extrêmes ; ses tissus de coton jouissent aussi d'une réputation méritée ; les draps de Verviers sont fins et bien fabriqués, et les soieries de Bruxelles ont du mérite.

J'ai particulièrement noté dans cette classe de tissus :

1° Les toiles de coton de M. de Bast, de Gand ;

2° Les serviettes et nappes damassées de M. Du Jardin, de Courtray ; les toiles de lin de MM. de Brabandère, de Courtray, et Parmentier, d'Iseghem ; les mouchoirs de batiste et les toiles fines de M. Dommer, d'Alost ;

3° Les draps unis et de fantaisie de MM. G. Dubois et C^ie, Sirtaine et Simonis, de Verviers ;

4° Les ornements d'église en soie façonnée, enrichis de pierres précieuses et de perles fines de M. Van Halle, de Bruxelles.

B. *Tapis.* — Les tapis de la manufacture royale de Tournai soutiennent à l'Exposition leur bonne renommée. On remarque surtout l'agencement des couleurs et la régularité du tissu des tapis veloutés et des moquettes. A côté de ces produits il convient aussi de citer les tapis de pied de M. Verdure-Bergé, de la même ville.

C. *Dentelles.*— Peu de dentelles sont plus connues en Europe que celles qu'on désigne ordinairement sous les noms de *Malines*, de *Valenciennes* et *d'application de Bruxelles.* Ces légers tissus de la Belgique sont fort nombreux à l'Exposition, et plusieurs échantillons sont d'un prix excessif.

Je dois spécialement citer parmi les dentelles belges :

1° Un magnifique châle carré exposé par Mlles Everaert sœurs, de Bruxelles ; 2° les dentelles de Malines, de M. Vanderkelen-Bresson, de Bruxelles ; 3° les dentelles en application de Bruxelles de MM. Robyt, Delehaye et Naeltjens ; 4° les guipures de Flandres de M. Bousson de Vlieghere, de Bruges ; les tulles de M. Washer, de Bruxelles, etc.

D. *Verrerie.* — La verrerie belge n'est pas comparable à celle de plusieurs autres états ; mais les cristaux et verres unis de M. Copellemans aîné, de Bruxelles, ne sont pas sans mérite.

E. *Meubles*, *Ameublement.*—L'ébénisterie n'est pas représentée par des meubles de grand prix et d'une exécution hors ligne. Ce qui m'a paru le plus digne d'être signalé dans cette classe sont les meubles en bois d'ébène, en palissandre et en chêne de MM. Boulé, Judo et de Raedt, d'Anvers; les parquets en mosaïque de MM. de Keyn frères, de St.-Josse ten Noode, près Bruxelles ; les cheminées en marbre de M. Leclercq, de Bruxelles, etc.

4e SECTION. — Beaux-Arts.

Cette section fait honneur aux artistes belges.

M. G. Geefs, qui tient le premier rang parmi les statuaires de ce pays, a présenté le *Lion amoureux,* charmant groupe en plâtre.

M. Simonis a exposé un modèle en plâtre de sa belle statue de Godefroy de Bouillon, récemment élevée sur une des places publiques de Bruxelles.

M. Jehotte a envoyé plusieurs ouvrages distingués, notamment une Vierge, en marbre, d'une grande délicatesse de ciseau.

M. J. Geefs, d'Anvers, a le *Messager Fidèle,* jolie statue en plâtre.

## HOLLANDE.

La Hollande, qui tint un moment le sceptre des mers et qui fait encore un commerce maritime important, paraît peu avancée dans la carrière industrielle. Les tissus envoyés par elle, si on en excepte quelques pièces de toile, sont fort médiocres ; ses meubles n'offrent aucun intérêt sous le double rapport de la forme et de l'exécution. Elle a des papiers qui paraissent solides et de bonne qualité ; mais les spécimens de typographie exposés ne sont pas dignes d'un pays qui imprima tant d'œuvres remarquables dans le dernier siècle.

Les principaux envois de la Hollande consistent en produits chimiques, cuirs et peaux, toiles de lin, services de linge damassé, papiers, cloches, divers instruments de précision et quelques objets d'art.

## HANOVRE.

Le Hanovre n'est représenté à l'Exposition universelle que par une dizaine d'exposants ; et les envois consistent principalement en asphalte, produits chimiques, toiles à voiles, armes, papiers peints, etc.

## MECKLENBOURG.

Le Mecklenbourg-Strelitz et le Mecklenbourg-Schwerin ne figurent à l'Exposition que par des spécimens de charbon de terre, des poêles et autres appareils de chauffage, des rasoirs, des tapis de table en soie et autres articles de peu d'importance.

## HAMBOURG.

La ville de Hambourg, centre d'un commerce considérable, a envoyé un grand nombre d'objets dont quelques-uns ont du mérite, mais qui ne se distinguent par aucun caractère de nouveauté ou d'exécution hors ligne. Ce qui m'a paru le plus digne d'être signalé sont : de jolies cages d'oiseaux en laiton peint de diverses couleurs ; des tapis de table en laine imprimée ; quelques outils ; des bouteilles pour eaux minérales artificielles ; des meubles communs ; des cannes et fouets ; des sculptures sur bois et sur ivoire.

## LUBECK.

Lubeck est une ville plus commerçante qu'industrielle, à en juger par son exposition dans Hyde-Parck : exposition fort peu importante et qui se compose seulement de quelques échantillons de légumes conservés, de peaux vernies et gaufrées, d'armes de tir et de chasse, de broderies diverses, etc.

## DANEMARK.

Le Danemark n'est représenté dans le Palais de Cristal que par 40 à 50 exposants ; et les principaux produits, qui n'ont rien de merveilleux, consistent en porcelaine de table et de fantaisie de la manufacture royale de Copenhague (vases, statuettes, bas-reliefs), meubles, instruments de précision, limes, peaux de chèvre et de mouton pour gants et pour souliers, laines d'Islande, etc.

## SUÈDE ET NORWÈGE.

Ces pays ont principalement exposé des minerais de fer, des fontes, des fers et des aciers d'une bonne fabrication, de la coutellerie, de la quincaillerie solide, des armes blanches et généralement tout ce qui tient à la métallurgie. On voit aussi dans leur exposition des tissus médiocres de laine, de lin et de soie, quelques broderies peu distinguées et des perles de Norwège.

## RUSSIE.

La Russie est encore considérée dans l'est et l'ouest de l'Europe comme un pays sinon barbare, du moins peu avancé dans la civilisation. C'est peut-être vrai pour beaucoup de parties de ce vaste empire ; mais les objets envoyés par lui à l'Exposition universelle prouvent que les arts et l'industrie sont en progrès marqué à Saint-Pétersbourg et à Moscou ; et cela n'a rien de fort étonnant, car l'empereur Nicolas nous emprunte non-seulement nos artistes, mais beaucoup de nos ouvriers habiles, qui contribuent puissamment à l'émancipation industrielle des cités populeuses. On voit dans le département russe des tissus qui annoncent une fabrication intelligente et déjà avancée : il y a surtout des brocarts or et soie, remarquables par leur brillant et leur bonne confection, et des velours de soie dont les couleurs sont fort belles.

La Russie a présenté des fers, des laines, des cuirs, des graines, des tissus de toute espèce, des broderies, des bijoux fort riches, surtout les parures de MM. Jahn et Balin, des candélabres en cristal de grandes dimensions et beaucoup d'autres objets plus ou moins intéressants.

Mais ce qui frappe particulièrement dans l'exposition russe, c'est un meuble complet de salon en malachite, composé d'une grande porte, à deux battants, de cinq mètres de hauteur, d'une cheminée, de tables rondes, de fauteuils, de vases avec leurs socles. La forme et les ornements des objets ne sont pas parfaitement en rapport avec la richesse de la matière ; il y manque la forme artistique que les ouvriers parisiens savent seuls donner aux meubles de prix ; mais cet ameublement est sans doute le plus riche, le plus splendide qui existe dans le monde : il vaut plusieurs millions.

On remarque encore dans le département russe de beaux échantillons d'or et de platine des mines de l'Oural envoyés par le prince Demidoff.

## TURQUIE.

L'exposition de la Turquie comprend plus de 3,000 articles, mais aucun nom propre ne figure ni dans le catalogue officiel ni sur les objets : le Gouvernement turc, avec le concours d'un comité central, paraît avoir fait lui-même les envois.

Cette exhibition prouve que la Turquie est en voie de progrès dans la carrière des arts et de l'industrie. Ses tissus sont plus brillants que bien confectionnés, mais on y remarque une disposition des couleurs qui dénote du goût et de l'habileté.

Les principaux produits exposés par la Turquie sont des minerais d'or, d'argent, de cuivre, de plomb, de fer, etc.; des grenats, des opales et des améthystes; de nombreux échantillons de blé, de tabac, de fruits, de plantes tinctoriales, de bois, de cire, de miel, de gomme, de soie; des cornes de rhinocéros, d'antilope et de buffle; des dents d'éléphant; des peaux de tigre, d'ours, de lynx, de chat sauvage et autres animaux; des plumes d'autruche; des tissus de soie, soie et or, soie et coton; des damas pour meubles; des draps; des harnachements en velours, brodés d'or; des tapis aux vives couleurs; de riches costumes d'Albanais, de Turcs et d'Arabes; des bijoux en or et en argent; des objets en ambre; des sabres, cimeterres et autres armes de luxe en acier avec ornements d'or, etc.

## GRÈCE.

Cet antique berceau de la civilisation européenne n'a guère envoyé que des marbres, du porphyre, des raisins de Corinthe, de la garance, du tabac, quelques tissus de soie et des objets d'habillement en soie brodés d'or.

## AUTRICHE.

L'empire d'Autriche, formé d'une agglomération d'états qui s'étend d'une part de l'Italie à la Transylvanie, et de l'autre de la Dalmatie à la Bohême, fait une bonne figure dans le Palais de Cristal.

L'Italie, surtout Milan, a fourni des objets d'art distingués, parmi lesquels je citerai : la *Vestale voilée*, belle statue en marbre, par Monti, dont on distingue les traits du visage à travers le voile transparent qui le couvre; l'*Esclave circassienne au marché*, par le même; *la Prière*, statue en marbre, par Puttinati; *Mazeppa,* groupe en marbre, par Pierrotti; *le Premier Pas*, joli groupe en marbre, par Magni. On voit encore avec intérêt : 1° un enfant tenant d'une main un nid d'oiseaux et de l'autre la mère, qui apporte la pâture à ses petits, charmante composition de Giovanni, de Brescia; 2° un enfant dans un panier fleuri, par Cacciatori; 3° un grand vitrail, par Bertini, de Milan, représentant le Dante et quelques-unes de ses brillantes créations : ce vitrail, dont le sujet diffère des ouvrages ordinaires des peintres verriers, n'est pas sans reproche; la figure du Dante, qui orne le centre, pourrait être plus belle et plus poétique; mais on remarque la vivacité des couleurs, des ombres et des effets de lumière qu'on rencontre rarement dans les verrières anciennes et modernes.

Le Tyrol et la Styrie ont envoyé des fers, des aciers, des armes, des faux, etc.

La Haute et la Basse Autriche se distinguent par les soieries, les velours, les rubans, les châles cachemire et indou et autres tissus riches de Vienne; par les spécimens variés de l'imprimerie impériale; par les produits de la manufacture impériale de porcelaine de Vienne; par la coutellerie, les outils et les articles de quincaillerie de Stadt Steyer; par les meubles de MM. Leistler et fils, de Vienne, formant un ameublement complet de salle à manger, salon, bibliothèque et chambre à coucher, meubles chargés de sculptures lourdes et massives, mais dont l'ensemble a de l'attrait et frappe l'attention des visiteurs.

La Bohème brille par ses cristaux blancs et colorés, ses glaces, ses porcelaines, ses draps unis, ses toiles fines, ses armes et ses instruments à vent.

La Moravie a du sucre de betterave, du lin, des toiles unies et damassées, des draps, des allumettes chimiques, etc.

La Hongrie est représentée par des minerais de cuivre, de cobalt, de nickel, d'antimoine; par des chanvres, des habits de chasse et d'autres vêtements nationaux.

La Transylvanie a exposé des laines, des savons de diverses espèces, de la bougie, des draps et des flanelles, des peaux de chevreau, de chèvre et de mouton et d'autres produits.

# ÉTATS DU ZOLLVEREIN.

D'après les traités conclus en 1814 et 1815 entre les grandes puissances de l'Europe, l'Allemagne a été divisée en une quantité d'états indépendants, la plupart de peu d'étendue, qui avaient chacun leur système de douanes. Ces cordons multipliés d'agents fiscaux étaient fort gênants pour le commerce et extrêmement vexatoires pour les voyageurs, à tout moment arrêtés pour la visite de leurs bagages.

Afin de remédier à un état de choses qui excitait des plaintes unanimes, les souverains se sont entendus et ont constitué, sous le nom de *Zollverein*, une association douanière qui embrasse toute l'Allemagne, moins l'Autriche, le Hanovre, le Mecklenbourg et les villes hanséatiques.

Le Zollverein tient un rang distingué dans le Palais de Hyde-Park, surtout la Prusse, la Saxe et la Bavière; si, en général, l'orfévrerie, les bronzes, l'ébénisterie, la cristallerie et la carrosserie sont peu remarquables, d'autres produits manufacturés et artistiques ont du mérite.

## PRUSSE.

La Prusse est le principal état du Zollverein, tant pour sa puissance territoriale que pour son industrie. Elle est représentée à l'Exposition universelle par des matières premières et des produits chimiques; par des armes de luxe et ordinaires ; par des tissus de toute espèce ; par des objets d'art, etc. Parmi ces produits je crois devoir citer favorablement : 1° les aciers de la fonderie de Lohe, près de Bohn ; 2° les laines de Silésie ; 3° les machines à frapper la monnaie de M. Uhlhorn, de Cologne ; 4° les instruments de précision et les armes de Berlin ; 5° les tissus de coton et de soie des manufactures d'Eberfeld ; 6° les draps de Silésie et d'Aix la Chapelle ; 7° les châles cachemire-indou et les velours pour meubles de Berlin ; 8° les porcelaines de la manufacture de Berlin et les poteries de grès de MM. Villeroy et Boch, de Wallerfangen ; 9° les sculptures sur bois de M. J. Alberti, de Berlin ; 10° les vases et groupes en fonte de la fonderie royale prussienne ; 11° la *Victoire* de M. Frantz, de Berlin, la *Polymnie* de M. Kesseler, de Griefswald, Statues en bronze, et l'*Amazone*, groupe colossal en zinc bronzé de M. Kiss, de Berlin.

### SAXE.

La Saxe se distingne par les porcelaines de la manufacture royale de Meissen ; les services de table damassés de Gross-Schönau et de Dresde ; les draps de Grossenhain et de Kirchberg ; les damas de Chemnitz ; les livres de Leipsick, etc.

### BAVIÈRE.

La Bavière brille principalement par ses instruments de précision et de musique ; ses porcelaines de la manufacture royale de Kymphenbourg, près Munich ; ses objets sculptés en ivoire ; ses bustes et statues en marbre et en bronze.

### WURTEMBERG.

Parmi les objets envoyés par le Wurtemberg on remarque des plateaux en tôle, peints en imitation de laque de Chine, de jolies cages en fil de fer, des jouets d'enfants, des pierres à aiguiser, etc.

Le temps me manque pour parler des petits états du Zollverein, qui n'ont d'ailleurs rien exposé de bien notable.

## SUISSE.

L'exposition de la Suisse est remarquable. L'horlogerie de ce pays soutient la réputation dont elle jouit depuis longtemps ; les soieries unies de Zurich ont de l'éclat, de la finesse et se distinguent d'ailleurs par leur bon marché ; les rubans de Bâle pèchent un peu par le dessin, mais ils sont bien fabriqués ; les broderies sur mousseline des cantons d'Appenzell et de Saint-Gall fixent l'attention des connaisseurs ; il y en a de fort belles, notamment dans les cases de MM. Depierre frères, de Heiden, Sutter et de Bühler, canton d'Appenzell, et Bünsiger, de Thal, près de St.-Gall.

Pour tout ce qui concerne le luxe, tel que l'orfévrerie, les bronzes, la céramique, la cristallerie, l'ébénisterie et les beaux-arts, la Suisse est faiblement représentée : elle paraît se livrer spécialement à la fabrication des objets de consommation courante, surtout de ceux qui peuvent être fabriqués à domicile et occuper les bras des habitants des montagnes pendant l'hiver.

## SARDAIGNE.

Les envois de la Sardaigne consistent principalement en objets d'utilité générale, tels que produits chimiques, substances alimentaires, laines, soies, tissus communs, dentelles et broderies d'un prix peu élevé, etc. ; il y a aussi quelques meubles et divers objets d'art.

## TOSCANE.

La Toscane tient une place honorable dans le Palais de Cristal, non par son industrie, qui est fort arriérée, surtout pour tout ce qui concerne les tissus, mais par ses produits naturels et artificiels, quelques objets de précision et spécialement par ses mosaïques en pierres dures.

Je mentionnerai particulièrement :

1° Des marbres de diverses nuances et des pierres lithographiques ;

2° Des échantillons de fer de l'île d'Elbe, de blomb argentifère, de mercure, de soufre et de cinabre ;

3° Les couleurs pour peinture de MM. Massini, de Florence, et Ridolphi, de Lucques ;

4° Des soies gréges de diverses provenances ;

5° La machine pour mesurer les surfaces planes de M. Gonnella, de Florence ;

6° Les instruments de musique de MM. Ducci frères, de Florence ;

7° Les bijoux en corail de M. Raffaelli, de Livourne ;

8° Des mosaïques en pierres dures, entre autres une grande table de 1m,75 de diamètre appartenant au duc de Toscane, et une autre de moindre volume exposée par M. Bianchini, de Florence.

9° Les statues de MM. Dupré et Custodi, de Florence.

## ROME.

L'antique métropole du monde civilisé ne figure à l'Exposition universelle que par des objets d'art, au nombre desquels on admire les superbes tables en mosaïque de MM. Barberi et Maglia, les objets divers en mosaïque de la manufacture de Saint-Pierre et les statues et groupes en marbre de MM. Benzoni et Rinaldi.

## ESPAGNE.

Comme état industriel, l'Espagne m'a paru venir dans un ordre fort secondaire. Les tissus exposés par elle sont médiocres, mais ne manquent pas d'un certain brillant. On voit beaucoup de blondes mates comme M. Lefébure en fait confectionner dans notre pays pour l'exportation, mais qui leur sont notablement inférieures sous le rapport de la régularité du tissu et de la variété du dessin.

Les principaux produits présentés par l'Espagne consistent en minéraux, marbres, fers, bois, grains, fruits, miel, plantes médicinales et tinctoriales, lin, chanvre, soie, laine, peaux, cuirs, quelques armes de luxe de Tolède et de Madrid, et des armes de guerre exposées par le bureau de l'Artillerie et la fonderie royale de canons.

## PORTUGAL ET MADÈRE.

Ces pays sont à peu près au même niveau industriel que l'Espagne; et, comme la plupart des états dont l'industrie est peu avancée, ils ont principalement envoyé des matières premières, des céréales, des légumes secs et des fruits.

Quant aux produits manufacturés, ils sont plus brillants que beaux, mais ils annoncent un commencement de fabrication assez satisfaisant.

En somme, l'exposition portugaise, qui comprend environ 1,300 articles, est intéressante sous plus d'un rapport, notamment en produits végétaux.

## TUNIS.

Tous les produits de Tunis ont été envoyés par le bey, et se composent de céréales, fruits, plantes médicinales, poil de chèvre et de chameau, bois, parfums, selle de velours avec riches ornements, manteaux et burnous en étoffes unies et à carreaux, vêtements de femmes, ceintures brillantes, turbans splendides, chemises brodées, mantilles en gaze brodées en argent, chapelets de corail, boucles d'oreilles, etc. Cette exposition, par sa variété, présente de l'intérêt.

## ÉGYPTE.

Les envois d'Egypte, comme ceux de Tunis, ont été faits par le gouvernement du Dey, qui est le grand producteur de ce pays. Les produits sont nombreux, variés et consistent principalement en céréales, graines oléagineuses et autres, fruits, huiles, miel, cornes de rhinocéros, d'antilopes, de gazelles, de buffle, etc., dents d'éléphant, œufs d'autruche, coton, bois, eaux de senteur, franges et galons de soie et or, turbans en soie, riches harnachements, armes de luxe, cassolettes à parfums, etc.

## PERSE.

La Perse n'est représentée que par quelques articles exposés par des Anglais ; ce sont des tapis, des écharpes de soie brodées en fil d'or, des vêtements pour hommes et pour femmes, des bourses riches, des colliers en nacre, des armes, des pipes et autres objets plus curieux que d'une utilité réelle.

## CHINE.

Longtemps renfermés derrière leur grande muraille, se considérant comme le premier peuple de l'Univers et ne trafiquant avec les Européens qu'au moyen d'intermédiaires, dans des comptoirs spéciaux, les Chinois se sont, depuis quelques années, mêlés au mouvement des affaires et du commerce des Deux-Mondes ; et en considérant les produits de la Chine exposés dans le Palais de Cristal, j'étais satisfait de voir que les habitants du Céleste Empire avaient voulu prendre part au grand concours industriel ouvert dans Hyde-Park. Mais en lisant les noms des exposants, tous anglais, j'ai été fort désappointé.

Quoique les produits de la Chine ne soient pas exposés par des industriels de ce pays, beaucoup sont néanmoins dignes de fixer l'attention, entre autres de grands vases de porcelaine ; des soieries aux vives couleurs ; des crêpes, des châles façon cachemire de l'Inde et d'autres, genre chinois, couverts de dessins ; des meubles plus ornés et plus curieux que beaux ; des paravents peints en laque ; des vêtements en étoffes de soie et or ; des papiers de riz veloutés ; des objets de sellerie fort riches ; de sculptures sur nacre et sur ivoire. On remarque encore des soies grèges, de la jute du Bengale, dite *lin de Chine,* matière textile qui a quelque rapport avec le coton, des couleurs fines pour la peinture sur porcelaine, du copal, de nombreux échantillons de thé, etc.

## ÉTATS-UNIS D'AMÉRIQUE.

Les Américains du Nord, si actifs et si entreprenants, paraissent s'être principalement appliqués jusqu'ici à étendre le territoire de l'Union à défricher les forêts, à mettre en culture les terres dépouillées de leurs ornements séculaires, à établir des voies de communication et à créer une marine puissante. En possession d'un terrain vierge et productif, ils se sont plus attachés à le mettre en valeur qu'à fonder de grandes usines pour la fabrication des tissus et autres articles qui font la richesse de quelques états de l'Europe. Mais s'ils ne se sont pas lancés hardiment dans la carrière industrielle, c'est que leur activité s'est portée sur des objets plus palpitants d'intérêt pour eux. Puis, en vendant leurs cotons, leurs céréales et autres denrées aux Européens, il faut qu'ils achètent en échange des marchandises confectionnées, sans quoi les retours de leurs navires se feraient sur lest, ce qui augmenterait notablement le fret ; et les producteurs de ce côté-ci de l'Océan se fatigueraient sans doute bientôt d'acheter à un peuple qui ne consommerait aucun de leurs articles.

Il avait été réservé aux Etats-Unis d'Amérique, dans le Palais de Cristal, une place en rapport avec leur importance ; mais il y est resté beaucoup de vides. Toutefois, l'exposition de ce pays est loin d'être sans mérite. On voit surtout avec intérêt de magnifiques cotons, de nombreux échantillons de céréales et de farines, des instruments aratoires perfectionnés, des voitures bien établies, des instruments de précision soignés, de la serrurerie solide, des minerais d'or, de fer, de plomb et autres produits minéralogiques ; il y a aussi beaucoup de dessins photographiques et quelques objets d'art. Quant aux tissus, je n'ai rien aperçu de nature à être signalé.

Les objets de l'exposition américaine qui fixent particulièrement l'attention des visiteurs sont :

1° *L'Esclave grecque*, belle statue en marbre, par M. Hiram Power ;

2° La machine à faucher les céréales, dite *Moissonneuse*, de M. Mac-Cormick. Cette machine, qui peut, dit-on, faucher 80 ares de blé à l'heure, est fort ingénieuse et excite vivement la curiosité publique ; mais elle me paraît de nature à ne bien fonctionner que dans de grandes plaines unies ; son emploi serait sans doute difficile, sinon impossible, dans des terrains en pente ou plantés d'arbres fruitiers comme en Normandie et d'autres contrées de la France ; elle ne pourrait également servir utilement pour couper du blé versé ou très-mur, car la rapidité du mouvement causerait un égrenage très-notable.

## MEXIQUE.

Les envois du Mexique sont presque nuls. Ils se composent de quelques échantillons de bois et de divers cadres de fleurs, de fruits et de reptiles en cire.

## BRÉSIL.

Le Brésil n'est représenté que par un très-petit nombre d'objets consistant en bouquets de fleurs artificielles, faits avec des plumes d'oiseaux et des ailes d'escarbots indigènes, et quelques autres articles de peu de valeur industrielle.

## CHILI,

Ce pays ne figure à l'Exposition que par un bloc de minerai d'or pesant 150 kilogrammes, exposé par M. Schneider et Cie, de Londres.

## RÉSUMÉ.

Après un examen impartial de l'ensemble de chaque exposition, voici comme je classe, sous le rapport industriel, les divers états représentés dans le Palais de Cristal :

Au premier rang et hors ligne, brillent la Grande-Bretagne et la France : la Grande-Bretagne pour l'importance de son exposition, le nombre et la perfection de ses machines et la variété de ses articles de consommation courante ; la France pour la distinction, la beauté et la richesse de ses produits, notamment des tissus, de l'orfévrerie, des bronzes, de la céramique et de l'ébénisterie.

Viennent ensuite, à mon avis, les Etats du Zollverein, l'Autriche, la Belgique, la Suisse, les États-Unis d'Amérique, la Russie, l'Espagne, le Portugal, la Turquie, la Toscane, la Hollande, la Sardaigne, l'Egypte, Tunis, etc. La Chine occuperait une place distinguée dans ce classement si l'origine des objets exposés en son nom était certaine ; mais je vois plutôt dans ces objets une réuion de collections d'amateurs et de négociants anglais que des produits envoyés directement par des Chinois, et je ne puis, à cette considération, leur assigner un rang industriel.

En terminant ce rapport, que je me suis attaché à rendre le plus clair, le plus concis et le plus méthodique possibles, je vous remercie, Messieurs, de l'attention soutenue avec laquelle vous en avez écouté la lecture : c'est une preuve évidente que vous appréciez l'importance de la grande manifestation du génie industriel qui remue en ce moment le monde. Le temps des guerres sanglantes et ruineuses est, il faut l'espérer, passé sans retour. Désormais ce ne sera plus avec les armes que les peuples lutteront entre eux, mais avec le crayon, la plume, le burin et l'outil ; et, dans ces luttes, l'intelligence, l'activité et le goût joueront un plus grand rôle que les bras. L'Exposition universelle est le premier tournoi où toutes les nations se rencontrent pacifiquement en champ clos, non pas devant quelques témoins privilégiés, mais en présence et aux applaudissements de l'Univers entier : c'est le symbole de la paix, le reflet des idées modernes et le spectacle le plus magnifique que l'humanité ait jamais offert.

Si l'histoire s'est plu à enregistrer les rivalités improductives des peuples, leurs combats meurtriers et leurs défaites désastreuses, avec quel soin, avec quelle satisfaction ne doit-elle pas conserver la mémoire de la première lutte pacifique qui a lieu entre toutes les nations ! Ce n'est pas assez que les Etats en consignent les détails dans leurs Annales ; toutes les sociétés scientifiques, industrielles, agricoles et commerciales ont intérêt à en faire mention dans leurs publications, afin de prouver qu'elles n'ont pas vu avec une froide indifférence le plus grand événement industriel des temps anciens et modernes. Bientôt toutes les magnificences de la civilisation rassemblées dans Hyde-Park seront dispersées ; et peut-être que le palais féérique qui les renferme disparaîtra lui-même. Il ne suffit donc pas qu'un spectacle si splendide, si merveilleux reste gravé dans la mémoire des personnes qui ont eu le bonheur d'en jouir, il faut que des médailles et de nombreux écrits en transmettent le souvenir à la postérité.

En vous présentant un tableau de l'Exposition universelle aussi détaillé que me l'a permis le cadre dans lequel il devait être renfermé, j'ai cru, Messieurs, remplir un devoir envers vous, envers la Société dont j'ai l'honneur d'être, depuis dix ans, le secrétaire général, et faire en même temps un acte de patriotisme, car on ne peut trop célébrer un événement qui a placé la France au premier rang des nations industrielles et artistiques.

(*Extrait du Bulletin de la Société d'Agriculture, Sciences, Arts et Belles-Lettres de Bayeux.* — *Année* 1851.)

Bayeux.—St-Ange DUVANT, imprimeur de la Société.

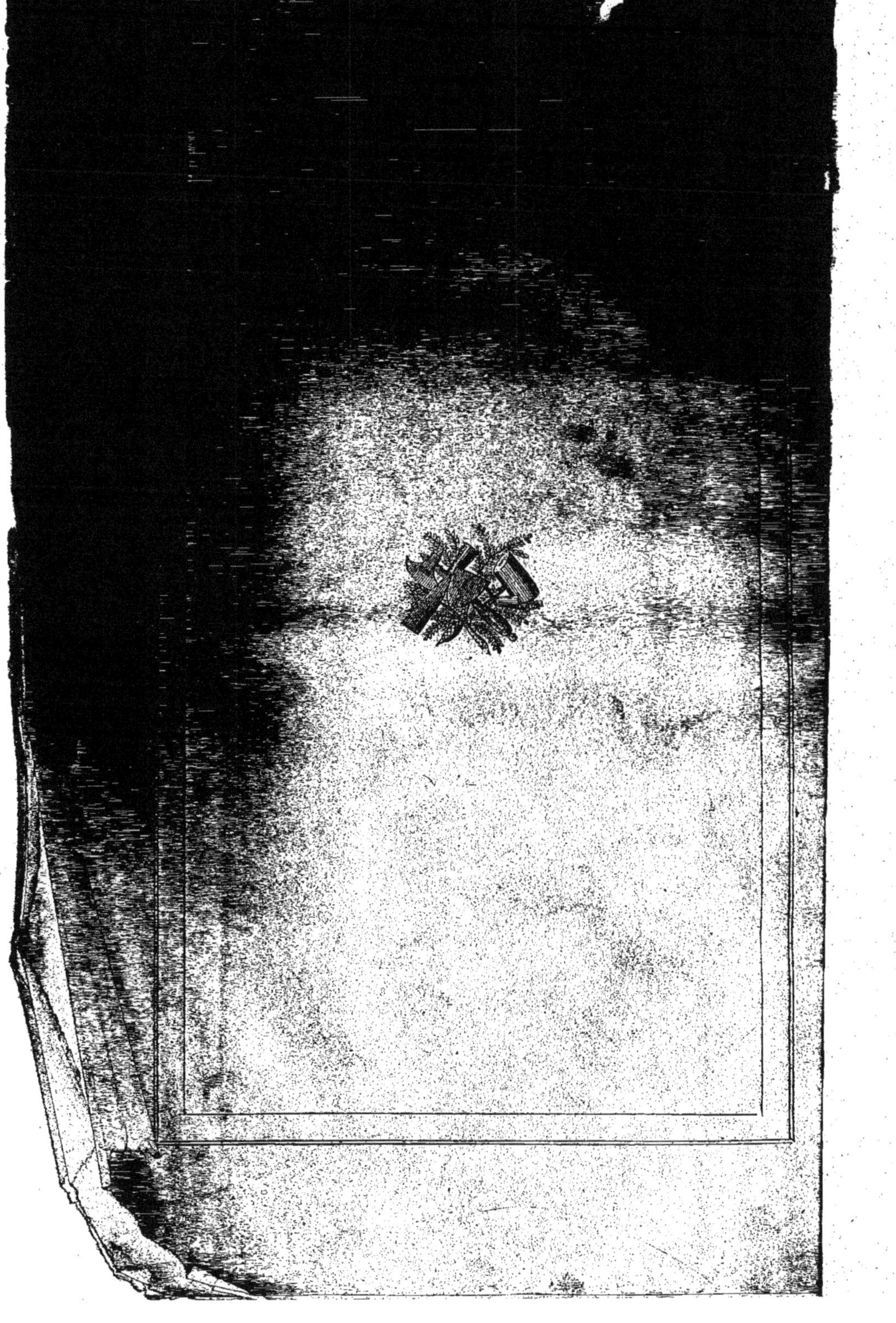

www.ingramcontent.com/pod-product-compliance
Ingram Content Group UK Ltd.
Pitfield, Milton Keynes, MK11 3LW, UK
UKHW020433180726
13839UKWH00003B/1467

9 782329 022765

# REGLEMENS

*D'ENTRE*

LES COUR DE PARLEMENT

*ET*

CHAMBRE DES COMPTES

*DE BRETAGNE.*



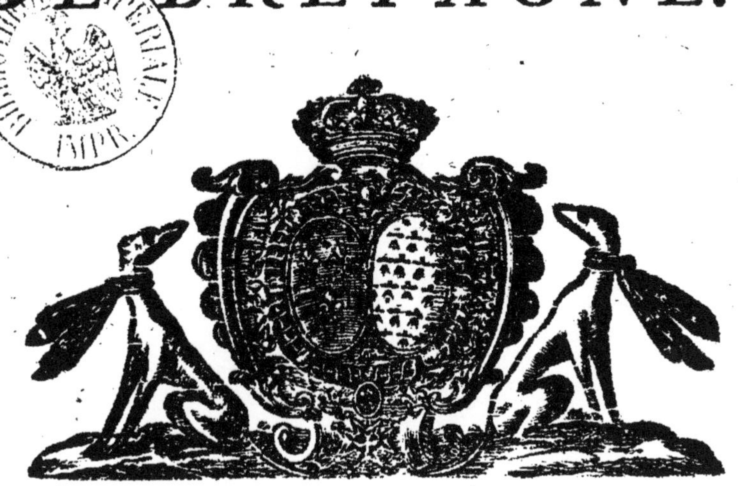

A RENNES,

Chez NICOLAS-PAUL VATAR, Imprimeur de Nosseigneurs les Etats de Bretagne.

M. DCC. LXXXVI.